Étude comparative des civilisations chinoise et occidentale

www.royalcollins.com

Étude comparative des civilisations chinoise et occidentale

PAN YUE

Traduction : Cao Shuai
(Université des Études internationales de Shanghai)

Relecture et correction : Agnès Belotel-Grenié
(Université des Langues et Cultures de Pékin)

Étude comparative des civilisations chinoise et occidentale

Pan Yue

Traduction : Cao Shuai
(Université des Études internationales de Shanghai)
Relecture et correction : Agnès Belotel-Grenié
(Université des Langues et Cultures de Pékin)

Première édition française 2024
Par le groupe Royal Collins Publishing Group Inc.
BKM Royalcollins Publishers Private Limited
www.royalcollins.com

Siège social : 550-555 boul. René-Lévesque O Montréal (Québec)
H2Z1B1 Canada
Bureau indien : 805 Hemkunt House, 8th Floor, Rajendra Place, New
Delhi 110 008

Copyright © Pan Yue, 2024
Original Edition © New World Press
This French edition is authorized by New World Press.
All rights reserved.

Aucune partie de cette publication ne peut être reproduite, stockée dans
un système de récupération de données ou transmise, sous quelque
forme ou par quelque moyen que ce soit, électronique, mécanique, ou
autre, sans l'autorisation écrite de l'éditeur.

ISBN : 978-1-4878-1230-0

NOTICE

« La diversité, les échanges et l'inspiration mutuelle des civilisations, des systèmes et des voies peuvent constituer une force motrice favorable aux progrès de la société humaine. » Face aux changements majeurs jamais connus depuis un siècle, la Chine et l'Occident se retrouvent au carrefour de leur compréhension réciproque. Monsieur Pan Yue a achevé et publié ses recherches sur l'histoire du développement des civilisations chinoise et occidentale. Son travail se divise en trois parties : « Les Royaumes combattants et la Grèce », « Les dynasties Qin et Han et Rome » et « L'entrée des Cinq Barbares en Chine et les invasions barbares en Europe », et vise à analyser et comparer les deux civilisations du point de vue de la civilisation, du système politique et de la nationalité.

TABLE DES MATIÈRES

Notice   *v*

Première partie
LES ROYAUMES COMBATTANTS ET LA GRÈCE

Chapitre 1	Les Royaumes combattants	9
	1.1 Cent écoles de pensées rivalisent	9
	1.2 La synthèse des pensées	13
	1.3 Absorber les choses de nature différente	17
	1.4 Redécouvrir Xunzi	22
Chapitre 2	La Grèce	27
	2.1 La voix d'Isocrate	27
	2.2 La réponse d'Aristote	32
	2.3 L'enchevêtrement de la liberté et de la division	35
	2.4 À La recherche de l'ordre et de l'unité	38
	2.5 Les conséquences de la fermeture et de l'ouverture	42
	2.6 La différence entre occupation et gouvernance	47
Chapitre 3	Conclusion	51
	3.1 La vengeance des maîtres	51
	3.2 Le retour aux civilisations	54

Table des matières

Deuxième partie
LES DYNASTIES QIN ET HAN ET ROME

Chapitre 4	Les deux civilisations	61
	4.1 Le gouvernement de base des dynasties Qin et Han	61
	4.2 Le gouvernement national de Rome	66
Chapitre 5	La République romaine	71
	5.1 La terre et les guerres civiles	71
	5.2 Au nom de la liberté	75
Chapitre 6	La dynastie des Han occidentaux	87
	6.1 La grande unification : l'unité dans la diversité	87
	6.2 Le système d'annalistes : la volonté du peuple	97
Chapitre 7	La voie commerciale chinoise et occidentale	101
	7.1 Le fardeau d'un gouvernement bienveillant	101
	7.2 La patrie des marchands confucéens	107
	7.3 Des voies commerciales différentes	112
Chapitre 8	L'Empire romain	117
	8.1 Les couches supérieure et inférieure	117
	8.2 Le pouvoir politique et militaire	122
Chapitre 9	Le christianisme comme religion nationale	129
	9.1 La « Cité de Dieu » et la « Cité de la Terre »	129
	9.2 Le « mal de l'État » et le « bien de l'État »	133
Chapitre 10	Conclusion	139

Troisième partie
**L'ENTRÉE DES CINQ BARBARES EN CHINE ET
LES INVASIONS BARBARES EN EUROPE**

Chapitre 11	L'entrée des Cinq Barbares en Chine	151
	11.1 Les batailles dans la migration vers le Sud	151
	11.2 La voie de la sinisation	154

Table des matières

	11.3 La restructuration pour l'unification	158
	11.4 La sinisation et la romanisation	162
Chapitre 12	Les invasions barbares	165
	12.1 Les royaumes à une tribu et à un territoire	165
	12.2 L'intégration échouée	168
	12.3 Les Romains abandonnent Rome	171
	12.4 Les Chinois choisissent la Chine	173
	12.5 Le détachement des Francs	179
	12.6 La politique féodale et la politique des fonctionnaires civils	182
	12.7 La division et la fusion du monde	186
Chapitre 13	La comparaison entre la Chine et l'Occident	195
	13.1 Le gouvernement autonome et le système de préfectures et districts	195
	13.2 La Chine et l'Asie intérieure	200
	13.3 La distinction Hua-Yi et égalité de toutes les ethnies	208
Chapitre 14	Conclusion	213
	14.1 Le retour à l'essentiel de la civilisation	213
	14.2 La vision d'autrui	221
	14.3 Notre propre histoire	225

PREMIÈRE PARTIE

Les Royaumes combattants et la Grèce

Les Royaumes combattants et la Grèce

Aujourd'hui, la Chine et l'Occident se trouvent encore une fois à la croisée des chemins de leur compréhension mutuelle.

Au niveau scientifique et technologique, nous connaissons déjà l'Occident ; sur le plan institutionnel, nous pouvons le comprendre partiellement. À ces deux égards, nous avons une meilleure compréhension sur l'Occident que l'Occident sur nous ; mais s'agissant de la civilisation, la Chine et l'Occident ne se comprennent pas suffisamment, loin s'en faut.

Les civilisations modernes contiennent les gènes spirituels des civilisations classiques : l'Europe, l'Amérique et les anciennes civilisations grecque et romaine, le monde islamique et la civilisation arabe, l'Iran et la civilisation perse, la Turquie et la civilisation ottomane, la Russie et la civilisation orthodoxe, Israël et la civilisation juive... Les diverses relations avec leurs différents ADN aboutissent à des chemins multiples.

Il existe des points communs et des différences entre la civilisation chinoise et les autres civilisations classiques. La comparaison des civilisations chinoise et occidentale est un champ de recherches illimité. Il est impossible d'être exhaustif, et nous ne pouvons que faire une brève discussion historique sur des problématiques concrètes.

Selon Samuel Huntington, nous devons nous connaître pour définir nos ennemis. C'est l'habitude des Occidentaux. Les Chinois se connaissent en définissant les amis. La civilisation grecque classique en était un.

Les Européens et Américains modernes déclarent que leur ordre politique est une fusion de l'essence des civilisations grecque, romaine, chrétienne et industrielle[1]. En fait, la civilisation grecque antique est la vraie source de la civilisation occidentale. La Grèce antique a non seulement transmis à Rome l'art et la science, mais sa pratique politique lui a également servi d'expériences. La mythologie et la philosophie grecques sont une des origines importantes des dogmes fondamentaux du christianisme. Les questionnements soulevés par les penseurs grecs sur l'origine objective du monde, ainsi que leur préférence pour l'expérimentation et la logique, ont favorisé l'essor de la science moderne en Europe. Au niveau politique, la liberté, la démocratie et l'humanisme datant de la Grèce antique sont la principale source spirituelle de la Renaissance et du siècle des Lumières. Ce n'est qu'en comprenant la civilisation grecque classique que nous pouvons entrer vraiment dans le monde intérieur de la civilisation européenne et américaine moderne.

La civilisation grecque antique et la civilisation chinoise classique ont existé presque à la même époque. Elles étaient aussi importantes l'une que l'autre et avaient chacune leur système.

En termes de système politique, les polis (cités-États) grecques étaient pluralistes et autonomes. Il y avait à la fois la démocratie d'Athènes et la dyarchie de Sparte. Pendant la période pré-Qin de la Chine, le système passe du système d'inféodation de la dynastie des Zhou à la centralisation et au système de préfectures et districts de la fin des Royaumes combattants.

Concernant les concepts politiques, l'indépendance et la liberté sont considérées comme la valeur suprême pour les anciens Grecs, alors que la période de pré-Qin met davantage l'accent sur la grande unité.

---

1. Russell Kirk, théoricien politique et historien américain, souligne que « l'ordre américain est issu de l'extraction de trois mille ans de civilisation occidentale. Le christianisme est devenu la base de l'ordre libéral, la civilisation grecque classique a contribué à l'art et à la science, la civilisation romane a inspiré le régime gouvernemental et le droit naturel, et le Royaume-Uni a apporté la primauté du droit, le marché, les coutumes et la tradition anglophone. » Russell Kirk. *The Roots of American Order*, traduit par Zhang Dajun. Nanjing : Jiangsu Phoenix Literature and art Publishing, Ltd., 2018.

Quant à la construction communautaire, en Grèce antique, il n'existe pas de noyau commun ni de pays qui transcende toutes les cités-États. Alors qu'à la période pré-Qin, un ordre unifié autour des rois Zhou est établi et par la suite, un pays unifié créé.

Pour l'identité politique, il existe toujours des frontières entre les Grecs et les Barbares dans les cités-États grecques. Tandis que pendant la période pré-Qin, il n'y a pas de limite absolue entre les Chinois (« Huaxia ») et les ethnies étrangères. Le mélange ethnique a jeté les bases de l'intégration de nombreux groupes ethniques dans les générations postérieures en Chine.

Parmi toutes les différences entre les deux civilisations, la chose la plus importante est celle entre l'unification et la division. Cette différence en entraîne beaucoup d'autres.

La civilisation grecque antique est connue pour sa forme de cités-États dispersées, mais une impulsion d'unification est aussi apparue à l'intérieur. Une forte hégémonie méditerranéenne est née sous la forme de la ligue des cités-États ; le royaume de Macédoine s'étendant vers l'Asie, l'Afrique et l'Europe a été créée. Aristote estimait que les Grecs s'attachaient aux arts martiaux comme les Européens continentaux, et à la culture comme les Asiatiques ; ils maintenaient une vie libre, mais concevaient également le meilleur régime politique ; si « un seul régime politique » était formé, les Grecs possèderaient la capacité de gouverner toutes les nations[2]. Cependant, la Grèce n'a pas réussi à réaliser une véritable unification, et les cités-États ont toutes été absorbées par Rome.

À la même époque que la Grèce antique, la Chine se trouve à la période des Printemps et Automnes et des Royaumes combattants. Du Ve siècle

---

2. Selon Aristote : « Les différentes ethnies grecques, vu que la Grèce se situe géographiquement entre les deux continents, possèdent une nature reflétant les qualités des deux continents. Les Grecs sont à la fois enthousiastes et rationnels ; l'enthousiasme constant garantit la liberté éternelle, et favorise ainsi le développement de la politique ; si les diverses ethnies étaient unifiées dans un même régime, ils seraient de nature à gouverner toutes les nations du monde. » Aristote, *Politique*, traduit par Wu Shoupeng (Beijing : Commercial Press, 1965), p. 367.

Étude comparative des civilisations chinoise et occidentale

avant J.-C. au IIIe siècle avant J.-C., les Royaumes combattants ont été confrontés à la même situation que la Grèce antique.

Premièrement, les royaumes se sont tous plongés dans une guerre intérieure terrible. Après l'effondrement du système de multiplicité des pays des Printemps et Automnes, la guerre de fusion a duré plus de 200 ans. Cette période est appelée les Royaumes combattants. Alors qu'en Grèce, après la guerre du Péloponnèse, le pays est entré dans une période de « crise des cités-États » de plusieurs décennies.

Deuxièmement, un mouvement d'unification a émergé pendant la guerre. Sept puissances fortes n'ont cessé de se battre pour dominer la Chine, alors qu'en Grèce, a eu lieu un mouvement « panhellénique » consistant en arrêt des combats internes et union pour l'expansion.

Troisièmement, les forces positives du mouvement d'unification ne relevaient pas des pays centraux, mais étaient représentées par un pays marginal avec de grandes puissances militaires. C'est l'État Qin pour les Royaumes combattants et la Macédoine pour la Grèce.

Quatrièmement, de nombreux intellectuels se sont mobilisés pour le mouvement d'unification. En Grèce, ce sont des philosophes, orateurs, dramaturges ; en Chine, il s'agit des confucianistes, légistes, taoïstes, diplomates. Ils se sont rendu compte de la crise de l'époque et ont tous proposé un grand nombre de thèmes philosophiques, politiques et moraux.

Les résultats du mouvement d'unification sont pourtant différents.

En Grèce, l'empire d'Alexandre le Grand s'est constitué. Mais il s'est divisé rapidement, et les trois successeurs se sont battus dans des guerres intérieures pendant des années. Ces trois pays ont finalement été annexés par Rome. Rome a gardé la culture et l'art de la Grèce, mais a abandonné son système politique.

En Chine, le mouvement d'unification de la période des Royaumes combattants a abouti à la grande unité de la dynastie des Qin. Mais cette dernière s'est écroulée en seulement 14 ans, et a laissé bientôt la place à autre dynastie unifiée – celle des Han. Le système Qin a été hérité par les dynasties postérieures chinoises et a subsiste pendant plus de 2 000 ans.

Les Royaumes combattants et la Grèce

Pourquoi dans des situations historiques identiques, les conséquences ont-elles été aussi divergentes ? Nous explorerons la réponse à travers le sort de plusieurs penseurs de la même époque.

CHAPITRE 1

LES ROYAUMES COMBATTANTS

1.1 Cent écoles de pensées rivalisent

En décembre 1975, à Yunmeng, dans la province du Hubei, s'est produit un événement qui revêt une immense portée dans l'histoire chinoise – les paysans menant des travaux hydres ont déterré, sur un champ appelé « Shuihudi » (terrain de tigre endormi), la tombe d'un fonctionnaire de l'État de Qin. Sous le squelette du propriétaire de la tombe, se cachent de nombreux bulletins de bambou où sont écrits des caractères chinois sur la loi Qin. Ils sont nommés « Bulletins Qin de Shuihudi ».

De manière inattendue, parmi ces bulletins de bambou légistes, les archéologues ont découvert un manuel destiné à former les fonctionnaires – *La voie des fonctionnaires*, dont l'idée centrale est pourtant confucéenne.

— « Il faut être loyal et fidèle, et trouver la paix au lieu de la plainte. Ne vous repentez pas de manière excessive. Soyez tolérant vis-à-vis des subordonnés et ne les malmenez pas. Soyez respectueux envers les supérieurs et ne les affrontez pas. Ne négligez pas les doutes. »

— « Lorsque vous voyez des trésors, ne soyez pas gourmand et n'oubliez pas l'honneur ; lorsque vous êtes pénalisé, ne vous échappez pas et ne soyez pas irresponsable. Il ne faut pas trop courir après la richesse et la gloire, sinon, vous deviendrez facilement pauvre et déshonoré. Ne désirez

Étude comparative des civilisations chinoise et occidentale

pas la richesse, ne détestez pas la pauvreté, pratiquez la morale, et ainsi, les malheurs s'en iront et les bonheurs demeureront. »

Ce n'est pas un cas isolé. Les bulletins Qin découverts successivement, y compris ceux de Wangjiatai, de Yuelu et de l'Université de Beijing, contiennent des textes similaires[1], démontrant que le confucianisme n'était plus totalement rejeté à la fin de la dynastie des Qin. Cela est différent de la conclusion absolue des générations ultérieures sur le fait de « brûler les livres et enterrer vivants les lettrés » et « la place dominante des légistes » de la dynastie.

L'État de Qin n'est pas un cas isolé. C'était aussi le cas des six autres royaumes.

Le système légiste et l'agriculture intensive qui semblent exclusifs à Qin ont été en fait inventés par Wei ; dans l'État de Chu reconnu libre et romantique, le « système de districts » a été mis en œuvre même plus tôt que Qin ; dans l'État de Qi où le commerce prospérait, le chef-d'œuvre *Guanzi* comprenait pourtant des éléments identiques au système de regroupement par familles et d'inculpation solidaire de Qin.

Ainsi, l'application parallèle du confucianisme et de la loi et le recours à la punition et à la moralité constituaient la tendance générale à la fin de la période des Royaumes combattants, et le concept politique de différents pays restait fondamentalement le même, soit « un monde unique ». Personne ne se contentait de régner dans de petites zones. Ils se battaient en vue de conquérir le monde entier. Il ne s'agissait pas de décider de l'unification, mais de savoir qui allait unifier. Ils rivalisaient au niveau du développement de la productivité, de l'efficacité des groupes de politiciens, et de la vraie représentativité de tous les territoires du monde.

---

1. Liu Deyin. « Règles du gouvernement », « Tombe Qin numéro 15 de Wangjiatai de Jiangling », *Pièces archéologiques*, no. 1 (1995) ; Chen Songchang, « Le gouvernement et le peuple », *Remarques sur les bulletins Qin 1-3 conservés à l'Institut Yuelu (version révisée)* (Shanghai Classics Publishing House, 2018) ; Zhu Fenghan, « Résumé et analyse des bulletins Qin 'Fonction publique' conservés à l'Université de Beijing », *Pièces archéologiques*, no. 6 (2012).

Les Royaumes combattants et la Grèce

L'attachement à la globalité du monde représente la caractéristique la plus originale des politiciens chinois de toutes les dynasties.

Il en est de même pour les penseurs.

Les cent écoles de pensée ont été le premier sommet de la liberté de pensée dans l'histoire chinoise, et constituent un paysage spectaculaire dont parlent souvent les intellectuels de la Chine moderne qui admirent l'Occident. Cependant, tout le monde a mis l'accent sur le côté « concurrence », et a négligé l'autre aspect – l'« intégration ». Les bulletins de bambou et de soies découverts progressivement au cours des dernières décennies ont confirmé la réalité du « mélange des différentes écoles ». Les bulletins de Guodian prouvent la fusion entre le confucianisme et le taoïsme ; ceux du musée de Shanghai indiquent le lien entre le confucianisme et le moïsme ; dans les livres de soie du cimetière Mawangdui, le taoïsme et le légisme sont combinés. La « vertu » n'est pas exclusive à Confucius et à Mencius, le « tao » n'était pas plus le privilège de Laozi et de Zhuangzi, et la « loi » n'est plus détenue que par Shang Yang et Han Fei. Avant que Qin ne conquière les six royaumes, l'intégration idéologique de diverses écoles de pensée avait déjà commencé.

Bien que les systèmes philosophiques de ces écoles de pensée soient très différents, elles avaient pour objectif commun d'établir un « ordre unifié ». Le confucianisme souligne l'ordre du rituel et de la musique, qui doit « être déterminé selon la règle » ; les légistes mettent l'accent sur le pouvoir et l'ordre juridique en préconisant « les voitures sur la même voie et les livres dans la même langue » ; le moïsme se caractérise par la recherche à l'ordre de l'action sociale – l'adhésion à « l'identité » et le maintien de « l'unité » ; même les taoïstes, qui insistaient sur l'extrême liberté, consentaient à l'ordre unifié. Le « petit pays avec un nombre restreint d'habitants » prôné par Laozi est souvent considéré comme l'idée de division dans le gouvernement, mais en fait, le « petit pays » n'est qu'une unité de transition politique. Après « l'État », il y a l'ordre ultime du « monde » – « au niveau national, il faut prendre en considération le bien de toute la nation ; au niveau mondial, il faut tenir compte du bien du monde

Étude comparative des civilisations chinoise et occidentale

entier ». Laozi discute à plusieurs reprises des mystères de la « conquête du monde » et de « devenir roi du monde ». Mais ses exigences pour être le « roi du monde » étaient trop élevées : le pouvoir seul ne suffit pas, il faut que le roi soit un saint. « Le roi respectant le tao obtiendra la paix dans le monde »[2], nous pouvons l'assimiler à un roi philosophique. Zhuangzi dit : « Celui qui sait écouter tolère le monde, celui qui n'écoute pas gouverne le monde ». Ces mots sont souvent interprétés comme de l'anarchisme. Mais en réalité, ce à quoi Zhuangzi s'oppose, c'est « gouverner par le faire » du confucianisme, et il loue « gouverner en ne faisant rien » des taoïstes. Selon lui, le « gouvernement » est en lui-même uni – « les choses sont complexes, mais peuvent être gouvernées par une seule loi ».

Sur cette base commune, la période des Royaumes combattants est devenue un creuset de systèmes idéologiques. Les légistes de l'État de Qin ont contribué au pouvoir politique fondamental de la future grande union ; le confucianisme de l'État de Lu a contribué à l'ordre moral unifié ; l'héritage du taoïsme de l'État de Chu est l'esprit de liberté ; l'État de Qi a associé le taoïsme au légisme pour générer « la technique de Huanglao » qui avait pour principe de régner sans intervenir et « l'idée de Guanzi » qui régulait la richesse par le marché ; les États de Wei et de Han ont apporté la stratégie de la diplomatie verticale et horizontale et le gouvernance par les lois et règlements ; les États de Zhao et de Yan ont transmis aux générations postérieures le système militaire combinant la cavalerie et l'infanterie, et ainsi de suite. Tout cela a été absorbé par la dynastie des Han. La structure politique des Han provient de Qin, l'idéologie de Lu, la politique économique de Qi, l'art de Chu, et la puissance militaire de l'expédition vers le nord est composée des anciennes troupes de Zhao et de Yan.

---

2. Chapitre trente-neuf de *Laozi* : « Jetons un coup d'œil sur les effets réalisés à travers le tao. Grâce au tao, le ciel s'éclaircit, la terre s'apaise, les dieux ont l'esprit plus intelligent, les vallées sont arrosées et vivantes, toutes les choses poussent et grandissent, le roi obtient la paix dans le monde. » Zhu Qianzhi, *Révision et interprétation de Laozi* (Beijing : Zhong Hua Book Company, 1984), pp. 154-155.

Les Royaumes combattants et la Grèce

La grande unification n'est pas un processus d'annexion du monde par Qin, mais une digestion de Qin par le monde.

1.2 La synthèse des pensées

Le choix du chemin des Qin et des Han n'est pas un hasard, mais résulte de l'expérience historique des Xia, Shang et Zhou, puis des centaines d'années de combats et de réflexion pendant la période des Printemps et Automnes et des Royaumes combattants. Les 50 dernières années des Royaumes combattants ont été particulièrement cruciales.

Bien que Qin ait achevé l'unification sous le règne du roi Ying Zheng de 232 avant J.-C. à 221 avant J.-C., c'est le roi Zhaoxiang (de 269 avant J.-C. à 262 avant J.-C.) qui a posé la base solide d'unification 50 ans plus tôt. À cette époque, les royaumes de Qi et de Chu ont subi des défaites et sont tombés en décadence, et seul Zhao se tenait à peine. Qin a adopté la stratégie « d'offensive contre les pays proches et de diplomatie avec les pays lointains » et s'est préparé à percer les frontières de Zhao de toutes ses forces.

Par conséquent, les soldats et les conseillers des Royaumes combattants ont été divisés en deux grandes parties. À l'État de Qin, à l'intérieur de la passe Hangu, il y avait des légistes et des diplomates. Dans les six États en dehors de Hangu, s'activaient les confucianistes, taoïstes, stratèges, ainsi que l'École du Yin-Yang et l'École des Noms. L'Académie Jixia de l'État de Qi était un lieu de rassemblement pour les intellectuels des six pays de l'Est, ce qui ressemblait à l'Académie de Platon en Grèce. Au cours des 100 années écoulées depuis la réforme de Shang Yang, cet endroit est toujours resté un monde spirituel en opposition avec Qin.

Au début, l'Académie Jixia était dirigée par l'École du Yin-Yang. Après que Mencius a visité Qi, le confucianisme a gagné graduellement une place dominante. Plus tard, Xunzi, le dernier maître confucéen de la période des Royaumes combattants, est devenu le chef de l'Académie. Il

Étude comparative des civilisations chinoise et occidentale

a assumé trois mandats et était considéré comme le leader spirituel du monde oriental.

Or, ce maître confucéen s'est soudainement rendu à l'État de Qin où prévalait le légisme.

Entre 269 avant J.-C. et 262 avant J.-C., Xunzi, âgé de plus de soixante ans, a observé et a noté tout ce qu'il voyait en traversant les villes et villages de Qin, jusqu'à la capitale Xianyang.

Le ministre de Qin lui demanda son impression sur le royaume.

Xunzi répondit : « Les gens de l'État de Qin sont simples. Ils ne recherchent pas la sensualité et respectent le gouvernement, ce qui me rappelle les gens des temps anciens. Les fonctionnaires de base de Qin sont loyaux, diligents et dévoués, et ne trichent jamais, tout comme les anciens fonctionnaires. Les hauts fonctionnaires de la capitale de Qin ne se préoccupent que des affaires publiques après avoir quitté leurs maisons. Ils n'abusent pas leur pouvoir et ne forment pas des coteries à des fins personnelles. Ils sont sages et soucieux du peuple et sont semblables aux anciens dignitaires et lettrés. La cour de Qin, qui est très efficace dans la politique, n'a pas d'affaires accumulées et ressemble à l'ancienne cour.[3] »

Dans le système de discours confucéen, la « règle des anciens » consiste en gestion des anciens rois sages et est vue comme le but suprême des efforts des confucianistes. Une telle évaluation de Qin est pourtant accordée par un maître confucianiste ! S'il n'y avait pas eu la découverte des bulletins

---

3. *Xunzi · Renforcer le pays* : « Les gens sont simples, leur musique est pure, leurs vêtements ne sont pas frivoles. Ils ont peur des punitions et obéissent aux ordres comme les habitants du passé. Quant à l'administration, les fonctionnaires sont tous modestes, respectueux, honnêtes et justes, comme les administrateurs du passé. J'entre dans le pays, observe les savants-fonctionnaires, et découvre qu'ils ne font la navette qu'entre leur maison et leur bureau, qu'ils ne laissent pas leurs affaires personnelles se mêler aux affaires publiques, qu'ils ne forment pas de coterie pour poursuivre leurs intérêts privés, comme les savants-fonctionnaires du passé. Dans la cour, le roi prend des décisions de manière prompte et efficace, et gouverne le pays comme s'il n'y avait pas de gouvernement, comme les cours du passé. » Wang Xianqian, *Remarques générales sur Xunzi* (Beijing : Zhong Hua Book Company, 1988), p. 303.

Les Royaumes combattants et la Grèce

Qin, déterrés deux mille ans plus tard, les mots de Xunzi auraient été qualifiés de contrefaçon.

Des bulletins Qin de Shuihudi, à ceux de Liye, en passant par ceux de Yuelu, le système de responsabilité strict du royaume Qin de haut en bas se voit partout. Par exemple, si un document s'avérait finalement erroné, les fonctionnaires de toute la chaîne qui le transmettaient en étaient responsables ; chaque bourg organisait régulièrement des concours d'élevage de bétail, et les fonctionnaires les moins gradés étaient exilés pour travailler dans des endroits éloignés ; si quelqu'un commettait une erreur dans les affaires administratives, l'officier en chef devait indemniser la perte avec son propre argent ; si le jugement et la punition étaient injustes, le juge était condamné à la prison et était tatoué sur le visage. La précision de la loi Qin dans la conception des liens administratifs et les contraintes sévères imposées à la bureaucratie se classaient au premier rang parmi toutes les dynasties féodales.

Au contraire, en même temps, à propos de Qi où était située l'Académie Jixia, Xunzi donne des commentaires négatifs : « Le palais est dans le chaos à cause des femmes, la cour trompée par des courtisans déloyaux, le gouvernement corrompu par des fonctionnaires cupides, et les gens ordinaires avides de profit et d'intérêts. » Qi est un grand pays qui poursuit le confucianisme, et où prospère l'école de Zisi et de Mencius, mais la politique guidée par les idées confucéennes était déformée dans la réalité.

Xunzi conclut que la réussite de Qin n'est pas un hasard. « Par conséquent, la victoire des quatre générations de Qin ne relève pas de la chance, mais du destin. » En tant qu'hôte de l'Académie Jixia, dire de tels mots n'était pas seulement une défection de la position politique des six autres royaumes, mais aussi une trahison du confucianisme.

Étude comparative des civilisations chinoise et occidentale

Mais Xunzi a également dit quelque chose de plus important. « Bien que l'État Qin possède tant d'avantages, il y a d'innombrables problèmes, et il est loin de conquérir 'le monde entier', faute de confucianisme. »[4]

Qu'est-ce que donc le « confucianisme » ?

Xunzi répond : « Restreindre l'autorité et revenir à la littérature. Gouverner le monde en tant qu'un homme de bien, d'intégrité et d'honnêteté, et dans cette condition, participer aux affaires de l'État, distinguer le vrai du faux, discerner la raison et le tort. » L'État de Qin fait grand cas du régime des fonctionnaires, alors que Xunzi souhaite que le monde soit gouverné par les hommes de bien. C'est la forme embryonnaire du « gouvernement conjoint par le roi et les savants ».

Selon Xunzi, l'unification du monde durerait pour toujours seulement si l'État de Qin réalisait tout cela. « Ainsi, l'État pourrait construire des bâtiments de commémoration à l'extérieur de la passe stratégique pour bien gouverner les seigneurs féodaux. »

Il s'est aperçu que le confucianisme disposait d'un ordre moral unifié, mais n'avait pas établi de système de gouvernance unifié ; les légistes ont pu construire celui-ci, mais ont eu de grands défauts en matière de spiritualité et de moralité. Le système légiste de Qin, associé à la méritocratie politique confucéenne, à la foi et à la bienveillance, deviendrait la bonne voie pour le futur monde.

Cependant, le roi Zhao de Qin l'ignore. Xunzi retourne à l'est.

Quelques années plus tard, les paroles de Xunzi se sont justifiées dans une grande bataille – celle de Changping (262 av. J.-C.). C'est la bataille la plus meurtrière de la période des Royaumes combattants. Après la capitulation de l'État de Zhao, Qin a renié sa promesse et tué

---

4. *Xunzi · Renforcer le pays* : « Ces conditions sont déjà remplies, certes, mais si nous l'évaluons à l'aune de la réputation de dominateur du monde, il restera beaucoup à désirer ! Pourquoi ? Parce qu'il n'y a pas le confucianisme dans ce pays. » Wang Xianqian, *Remarques générales sur Xunzi* (Beijing : Zhong Hua Book Company, 1988), pp. 303-304.

400 000 soldats Zhao. Même dans les années sanglantes des Royaumes combattants, cela a franchi la limite permise de la moralité.

L'État de Qin s'est toujours appuyé sur le réalisme et l'utilitarisme pour conquérir le monde, et ne s'est jamais mis des entraves à lui-même par la bienveillance, la droiture et la moralité.

1.3 Absorber les choses de nature différente

Après la bataille de Changping, Xunzi s'est senti extrêmement affligé. Il a abandonné la politique et a cessé de voyager à travers le monde. Il a déménagé à Lanling à la frontière de Qi et Chu et dorénavant, s'est adonné à l'écriture et à l'enseignement.

Il a formé deux élèves célèbres – Han Fei et Li Si. Celui-là était un maître de la théorie légiste, alors que celui-ci était un concepteur de la pratique légiste. Ironiquement, ils ne sont pas héritiers de l'école légiste de Shang Yang, mais du confucianisme, ce qui reflète l'essence des pensées de Xunzi – être compatible avec des idées complexes.

Mencius pensait que la nature humaine est intrinsèquement bonne. Néanmoins, Xunzi estimait que « les êtres humains sont de nature mauvaise », de sorte que l'on est obligé de recourir à des punitions sévères, ce qui correspond aux idées légistes.

Le « Ciel » dans le confucianisme renvoie à la justice qui punit le mal et promeut le bien, tandis que le « Ciel » de Xunzi n'a rien à voir avec le bien et le mal – « La loi du Ciel est constante, elle n'existe pas pour Yao, elle ne disparaît pas pour Jie. » Par conséquent, les gens sont en mesure de « contrôler la règle du Ciel et l'utiliser ». Il s'agit alors du premier matérialisme en Chine.

Les confucianistes défendent la voie royale et méprisent l'hégémonie. Xunzi pensait que la voie de la royauté était la meilleure, certes, mais la domination est également très utile en période troublée. Il faut assortir les deux moyens.

Étude comparative des civilisations chinoise et occidentale

Les confucianistes ne parlaient que de la droiture, et jamais du profit. Xunzi, quant à lui, voulait « prendre en considération à la fois la justice et les intérêts ». Il considérait que ce sont les natures parallèles des êtres humains. Nul système, quelque strict qu'il soit, ne peut éliminer le désir du profit, et nulle réalité, quelque sombre qu'elle soit, ne peut dissiper l'aspiration à la droiture. Il vaut mieux les mettre en jeu tous les deux.

Le confucianisme attache de l'importance à la règle de l'étiquette, tandis que Xunzi exalte l'alliance de l'étiquette et de la loi. L'étiquette ne consiste pas en codes et rituels, mais en « mesure et répartition » pour déterminer les devoirs et responsabilités respectives, ce qui est lié aux principes du légisme.

Les confucianistes recommandent de « suivre l'exemple des anciens rois ». Mais Xunzi propose de « suivre l'exemple du roi présent », ce qui a profondément inspiré les réformes postérieures de Wang Anshi et de Zhang Juzheng.

Avec ce système idéologique de l'unité des contraires, Xunzi est arrivé à former ses deux élèves brillants – Li Si et Han Fei.

La contradiction apparemment irréconciliable de Xunzi s'explique par le fait qu'il se trouvait dans un monde de grand chaos. À la fin de la période des Printemps et Automne pendant laquelle a vécu Confucius, et au milieu de la période des Royaumes combattants pendant laquelle a vécu Mencius, les plus grandes guerres n'ont fait que 100 000 victimes (bataille d'Ailing et bataille de Maling), et cela ne s'est produit qu'une fois toutes les quelques décennies. Mais à la fin des Royaumes combattants, période à laquelle a vécu Xunzi, des guerres faisant 100 000 morts ont eu lieu presque chaque année. En 20 ans, il y a eu 3 batailles au cours desquelles des centaines de milliers de personnes ont perdu la vie (l'attaque des cinq royaumes contre Qi, l'attaque de Baiqi contre Chu et la bataille de Changping). Dans une catastrophe humanitaire d'une telle ampleur, ni la morale sans puissance ni la puissance sans morale ne peuvent répondre à la réalité immédiate. Xunzi a été obligé de trouver une nouvelle voie.

Les Royaumes combattants et la Grèce

Écriture de style sigillaire de Li Si sur pierre sculptée des Qin au mont Tai

En quelques années (230 avant J.-C. – 225 avant J.-C.), l'État de Qin est arrivé à conquérir successivement les trois royaumes de Han, Zhao et Wei, et à couper l'alliance des six royaumes. Avant cela, Li Si avait déjà fini ses études et était entré à Qin pour commencer sa carrière politique.

En entendant cette nouvelle, Xunzi n'a pas ressenti la moindre joie et a même entamé une grève de la faim. (« Li Si est entré à Qin, et son maître a refusé de manger. ») Cette contestation s'est avérée inutile. Un autre disciple, Han Fei, suivit Li Si et rejoignit Qin. La dynastie glorieuse et sans précédent de la grande unification était en train de se former, les jeunes intellectuels ne pouvaient absolument pas résister à la tentation de créer un nouveau monde.

L'entrée de Li Si et Han Fei dans l'État de Qin a considérablement accéléré la guerre d'unification. Han Fei a poussé la théorie légiste à l'extrême, y compris les trois grandes écoles de droit, de tactique et de stratégie auxquelles Qin Shi Huang se fiait profondément. Li Si, quant à lui, a conçu l'ensemble du système politique des légistes. C'est lui qui a proposé de « brûler les livres et enterrer vivants les lettrés ».

Étude comparative des civilisations chinoise et occidentale

Ils avaient oublié que bien que leur maître Xunzi approuve les méthodes du légisme, il adhérait toujours aux valeurs confucéennes telles que la fidélité, la droiture, le respect des parents et des aînés, le choix de la vérité et de la justice au lieu de l'autorité royale et paternelle, le rôle fondamental d'un gouvernement sage et juste dans la politique, la priorité de la bonté et de la justice dans l'organisation des forces militaires. Cet esprit de « bienveillance » n'est pas différent de celui de Confucius et de Mencius. Entre le légisme et le confucianisme, il est difficile d'emprunter la voie du milieu. La vérité réside dans les degrés. Il est erroné d'hériter simplement de certains aspects de ses idées.

Peu d'années après la mort de Han Fei et de Li Si, l'empire qu'ils avaient conçu s'est rapidement effondré. La terre et le peuple conquis ne s'intégrèrent pas réellement à la dynastie des Qin. Han Fei et Li Si avaient oublié les leçons de leur maître : le simple recours à la violence permet d'annexer, et non d'unir. Afin d'unir, il faut bénéficier du soutien du peuple. (« Il est facile d'annexer les pays, mais difficile de les unir et les consolider. [...] Si vous pouvez les fusionner mais ne pouvez pas les unir, vous risquez de les perdre ; si vous ne pouvez pas les fusionner ni les unir, vous mourrez certainement. Si vous pouvez les unir, vous pourrez certainement les fusionner. Si vous les fusionnez et les unissez, la fusion ne sera pas forcée. ») À la fin de la dynastie des Qin, le gouvernement a pris conscience de ce problème. L'« Édit de la première année du deuxième empereur des Qin » dans les bulletins de bambou, déterrés au mont Tuzishan à Yiyang de la province du Hunan en 2013, stipule clairement qu'aucune corvée ne doit être imposée aux gens ordinaires (« Ne dérangez pas le peuple avec des impôts »). Mais c'était déjà trop tard. Six mois plus tard, à Dazexiang, Chen Sheng et Wu Guang se sont insurgés contre la tyrannie des Qin.

Le légisme et le confucianisme sont tous les deux indispensables. Sans le légisme, le confucianisme ne pourrait pas achever la structuration et l'organisation, ni mobiliser la société de base, ni se renforcer dans un monde de grande concurrence. Et faute de confucianisme, le légisme deviendrait un système rigide, et son système autoritaire ne serait que standardisé, vertical et homogène dans l'exécution, tandis que le confucianisme dispose d'un espace d'ajustement flexible, local et tolérant.

Par ailleurs, la pensée de Xunzi n'est pas seulement une combinaison du confucianisme et du légisme, mais un rassemblement de différents courants des Royaumes combattants. Selon le *Shiji* (*Mémoires historiques*), la pensée de Xunzi était un résumé des succès et des échecs du confucianisme, du moïsme et du taoïsme – « il résume l'ascension et la chute du confucianisme, du moïsme et du taoïsme, ce qui aboutit à des dizaines de milliers de mots dans ses ouvrages ». Xunzi a critiqué l'école de Mozi pour ne pas savoir comment construire l'ordre d'État (« ils ne savent pas unir le monde, ni gouverner l'État[5] »), mais a absorbé leur idée de « l'amour universel » et l'a changée en principe désintéressé de la « politique du monde ». Il trouvait que le taoïsme mettait trop l'accent sur le sort et ignorait les affaires humaines, mais il acceptait sa vision impersonnelle et neutre et a développé sa propre philosophie matérialiste primitive de « contrôler le destin du Ciel et l'utiliser ». Il a abandonné la réserve et le manque de dynamisme du courant de Huanglao, mais a approuvé son idée économique et a affirmé la valeur du commerce pour le développement d'un pays. Il a transformé le confucianisme « pur » poursuivi par Confucius et Mencius en un « grand confucianisme » complexe et large. En somme, il semble que seul Xunzi a réalisé la compatibilité d'une centaine d'écoles de pensée.

« Aspirer à la perfection et emprunter la voie du juste milieu. » La définition de la « voie médiane » de Xunzi est plus pratique que le confucianisme traditionnel. Selon lui, la vraie voie médiane bénéficie à la vérité et ne suit pas forcément un dogme spécifique. Dans le langage d'aujourd'hui, on dit « rechercher la vérité à partir des faits ». « Quand nous agissons, nous faisons des choses qui profitent à la vérité, et abandonnons celles qui lui portent atteinte. C'est nommé une action médiane. Quand

---

5. Wang Xianqian, *Remarques générales sur Xunzi* (Beijing : Zhong Hua Book Company, 1988), p. 92.

nous parlons, nous disons des choses qui contribuent à la vérité, et nous passons de celles qui lui font du mal. C'est nommé une parole médiane. Un comportement sans action ni parole médiane est considéré comme perfide. » Cet esprit, basé sur la recherche de la vérité à partir des faits, a permis à la civilisation chinoise de pouvoir parfaitement tolérer les choses opposées, de combiner les contradictions apparemment impossibles à résoudre, de faire coexister harmonieusement et subsister toutes les différences apparentes sur le territoire chinois.

1.4 Redécouvrir Xunzi

On dit que Xunzi a vécu jusqu'à 90 ans.

Ses pensées étaient si variées et contradictoires que la situation après sa mort était encore plus compliquée. Au début de la dynastie des Han occidentaux, c'est le courant de Huanglao, caractérisé par la gouvernance sans rien faire, qui domine l'idéologie. Plus tard, l'empereur Wu des Han a adopté les « Trois politiques du Ciel et de l'homme » de Dong Zhongshu et se convertit à la politique confucéenne pour intervenir activement. Le confucianisme a mis fin à ses 350 ans d'errance depuis Confucius et est devenu pour la première fois l'idéologie officielle. À cette époque, il existait des « livres écrits en langue actuelle », soit avec l'écriture officielle des Han, et des « livres écrits en langue ancienne », soit en caractères des six royaumes. Les deux courants ont lutté pendant longtemps, mais quel que soit le courant prédominant, ils ne respectaient que Confucius et Mencius, et jamais Xunzi. Ils pensaient tous que Xunzi n'était pas un confucianiste pur, sans compter qu'il avait aussi un disciple qui avait brûlé des livres et enterré des lettrés.

Mille ans plus tard, Han Yu a été le premier à défendre Xunzi. Après la révolte d'An Lushan, Han Yu, qui s'était rendu compte que l'État avait besoin des études pratiques et utilitaires, a non seulement encouragé ses disciples à commenter *Xunzi*, mais a qualifié également cet ouvrage de

Les Royaumes combattants et la Grèce

« chef-d'œuvre avec de petits défauts » ; selon lui, en dehors de quelques « impuretés », les pensées de Xunzi n'étaient pas différentes de celles de Confucius. Han Yu a été ainsi critiqué par les néo-confucianistes des Song et Ming pendant des centaines d'années. Les confucianistes des Song suivaient la théorie de Mencius sur la « bonne nature » et le « sage au cœur et roi à l'extérieur », et ne supportaient pas la « théorie de la nature perverse » et « la combinaison de la bonté et de l'autorité » de Xunzi[6].

Par conséquent, Xunzi, qui était aussi célèbre que Mencius à son époque, est devenu une figure de l'ombre dans les 1 800 ans après que le confucianisme avait gagné une place primordiale.

Jusqu'au règne de l'empereur Qianlong de la dynastie des Qing, les grands érudits confucéens qui étudiaient les archives ont découvert de manière inattendue que les classiques fondamentaux de la renaissance du confucianisme au début de la dynastie des Han, ainsi que les œuvres transmises de génération en génération en langue des Han et en langue ancienne, avaient toutes été transmises par Xunzi, telles que *Zuo Zhuan*, *Guliang Zhuan*, *Commentaire de Mao*, *Commentaire de Lu*, *Commentaire de Han*, *Classique des rites de Dai De*, *Classique des rites de Dai Sheng*. Liang Qichao y fait un commentaire : « Les ouvrages confucéens des Han, qu'ils soient écrits en langue contemporaine ou ancienne, proviennent tous du maître Xunzi. Au cours des deux mille ans, les écoles de pensée ont changé, mais aucune ne s'est détachée de Xunzi. »

Il s'avère que pendant les trente dernières années de la guerre entre les sept royaumes, d'un côté, Xunzi a formé les deux légistes talentueux Li Si et Han Fei, d'un autre côté, il s'est voué discrètement à l'écriture et à l'enseignement du confucianisme. Lorsque la dynastie des Qin a brûlé les

---

6. Chao Gongwu, un confucianiste des Song, commente Xunzi dans son *Journal de lecture à Junzhai* : « Il considère la nature comme perverse, les rites comme hypocrites, il critique les remontrances, méprise les signes propices et néfastes, et prône l'hégémonie. Du point de vue académique, il sous-estime les idées de Zisi et de Mencius. Ses mots sont déloyaux et ressemblent à ceux de Mo Di et de Huishi. » Chao Gongwu, *Journal de lecture à Junzhai*, révisé par Sun Meng (Shanghai : Shanghai Classics Publishing House, 1990).

livres et tué les confucianistes, il a été le seul à conserver tranquillement les écritures par « l'apprentissage privé », qui ont été réécrites ensuite par les confucianistes des Han. « Depuis la mort des soixante-dix disciples de Confucius, les érudits confucéens de la dynastie des Han ne font pas encore carrière, et le pays est passé des combats à la tyrannie des Qin. Dans ce contexte historique, la transmission des six arts ne dépend que de Xunzi. » « Xunzi est expert dans tous les classiques confucéens. Mais la perte des archives nous empêche de le connaître complètement[7]. »

Danse de style des Royaumes combattants lors de la cérémonie de commémoration de Xunzi

---

7. Wang Xianqian, *Remarques générales sur Xunzi* (Beijing : Zhong Hua Book Company, 1988), p. 22.

Les Royaumes combattants et la Grèce

Un homme vu comme le « traître » qui s'engage à réformer les classiques est pourtant le plus fidèle aux œuvres traditionnelles. Sans Xunzi, tous les classiques confucéens auraient été perdus, Dong Zhongshu n'aurait pas pu faire revivre le confucianisme, et le néoconfucianisme des Song et des Ming n'aurait même pas eu la chance de voir le jour. Ce n'est que deux mille ans après l'anonymat de Xunzi qu'il a été enfin inclus dans la partie du confucianisme des *Livres complets des quatre Magasins* par la dynastie des Qing. Auparavant, sa tombe à Lanling (aujourd'hui district de Lanling, Linyi, Shandong) était toujours restée déserte et solitaire. Comme l'a écrit Li Ye de la dynastie des Ming : « Dans une tombe ancienne abandonnée où habitent les renards et lapins, les passants indiquent que c'est le lieu où repose Xunzi. » Ou encore : « Au crépuscule de l'automne, les fumées s'envolent, les épines s'accumulent comme des nuages. Les fleurs sauvages s'épanouissent mais personne ne les cueille, seules les toiles d'araignée sont tissées sur le tombeau. »

Il est facile de pratiquer une voie pure, mais difficile de suivre la voie du milieu. Xunzi était toujours prêt à être repoussé ou attaqué par les deux parties extrêmes. Malgré cela, l'histoire finira par avancer dans la voie médiane. Les empereurs Wudi et Xuandi des Han acceptèrent les idées de Xunzi – « l'unité de l'étiquette et de la loi », « l'intégration du confucianisme et du légisme », « le propre système Han mélangé de la bonté et de l'autorité ». Puis, les dynasties successives ont toutes suivi ses idées. Ce n'est qu'en raison de son « impureté », que les empereurs ont mis en œuvre ses pensées sans mentionner son nom. Heureusement, Xunzi attachait plus d'importance à la pratique qu'à la réputation. Ainsi, grâce à lui, le confucianisme et le légisme ont véritablement fusionné. Les légistes ont inventé le système centralisé de préfectures et districts et le système de gouvernement de base, Les confucianistes ont créé l'esprit des dignitaires et lettrés et l'éthique collectiviste de la famille, du pays et du monde. Pendant les dynasties des Wei, Jin, Tang et Song, le taoïsme et le bouddhisme ont été ajoutés, donnant lieu à un monde spirituel d'unification du confucianisme, du bouddhisme et du taoïsme. Cette

Étude comparative des civilisations chinoise et occidentale

structure d'État unifiée extrêmement stable s'est étendue en Asie de l'Est et est devenue le « secret » de la civilisation et de la nation chinoises fortes mais pas hégémoniques, faibles mais pas divisées, et de manière toujours ininterrompue. Cela reste un « secret », parce que la plupart des chercheurs occidentaux ne l'ont pas encore étudié.

CHAPITRE 2

LA GRÈCE

2.1 La voix d'Isocrate

En 346 avant J.-C., à la même époque où Shang Yang venait de terminer la réforme du système de préfectures et districts, un « tremblement de terre spirituel » de grande ampleur a frappé Athènes en Grèce, à des milliers de kilomètres de la Chine. Il y avait deux personnes clé dans cet événement : Aristote, le philosophe le plus connu à Athènes, et Isocrate, le politicien le plus réputé de cette ville.

Aristote est le plus grand philosophe après Socrate et Platon, et le fondateur de presque toutes les sciences importantes des pays occidentaux modernes – philosophie, logique, politique, biologie, physique, poétique, astrologie et philosophie cosmologique.

Isocrate était le « roi » de l'éloquence à Athènes. Dans les cités-États athéniennes, tout était décidé dans les débats de l'Ecclésia. Les politiciens étaient également censés être des orateurs. Pour devenir orateur, il fallait suivre l'exemple d'Isocrate.

Aristote incarne les connaissances, alors que Isocrate l'éloquence. Ils symbolisaient tous les deux le cœur et l'esprit athénien. Cependant, ils ont délaissé Athènes et ont choisi la Macédoine.

Étude comparative des civilisations chinoise et occidentale

Le tournant a lieu à la suite de la crise de la cité-État.

Aujourd'hui, la civilisation classique grecque dont se souviennent souvent les Occidentaux n'est qu'une courte période dans l'histoire d'Athènes, soit l'âge d'or sous le règne de Périclès, qui représente les plus grands exploits du système démocratique. Mais avant et après cette période de seulement quelques décennies, les cités-États grecques ont été plongées dans des combats internes vicieux et interminables. L'État dominant pouvait s'approprier les tributs payés par les petits pays en vue de construire son armée. Ceux qui refusaient d'adhérer à l'alliance avec lui étaient punis. Athènes a massacré tous les résidents des États (Mílos et Sicyone par exemple) qui ne les rejoignent pas. Le combat acharné entre Athènes et Sparte a même donné lieu à l'arbitrage de leur ennemi commun – la Perse. Pendant les années de guerre, la terre s'est progressivement accumulée dans les mains des riches, et les pauvres ayant perdu la terre sont devenus mercenaires pour gagner l'argent des États étrangers en trahissant et en attaquant leur État natal.

Ce chaos a duré 100 ans.

Une voix est apparue dans ce contexte : les cités-États grecques ont été invitées à ne pas se battre pour les ressources limitées, tout au contraire, ils devaient conquérir le monde extérieur pour saisir les trésors de la Perse et de l'Asie, afin que la Grèce obtienne la paix et la prospérité.

Isocrate est le premier à avoir lancé cet appel. Dans son discours « Mots à la réunion para-grecque » prononcé en 380 avant J.-C., il a déclaré : « Les Grecs sont confinés dans une zone étroite. En raison du manque de terre, ils complotent et s'attaquent les uns contre les autres. Certains meurent de faim, d'autres de guerres. » « Les Grecs ne peuvent pas vivre en harmonie sauf s'ils obtiennent des intérêts de la même source ou s'ils se battent contre le même ennemi. Une fois que nous nous serons débarrassés de la pauvreté dans la vie – cette pauvreté qui brise l'amitié, conduit à l'hostilité entre parents, plonge toute l'humanité dans les guerres et les conflits civils – nous pourrons enfin mener une vie harmonieuse et bienveillante. À cette

Les Royaumes combattants et la Grèce

fin, nous devons nous efforcer de déplacer la guerre d'ici au continent dès que possible[1]. »

Expansion, conquête, pillage, colonisation. La population excédentaire construira des villes coloniales sur les terres perses, alors que celle séjournant dans la région locale détiendra suffisamment de terres. Cette doctrine, nommée « panhellénisme » par les historiens modernes, n'est pas mise en avant face à la menace d'agression de l'empire perse. Un siècle s'est écoulé depuis la guerre entre la Grèce et la Perse, et les deux pays avaient déjà conclu un traité de paix. La motivation fondamentale du mouvement d'unification grec était de résoudre le problème du manque de terres et de la surpopulation. La diffusion de la civilisation grecque ne constituait qu'une tâche supplémentaire. Cet ensemble d'idées deviendra l'embryon de l'impérialisme colonial occidental. Isocrate peut être considéré comme la première personne à avoir proposé l'impérialisme colonial. Bien que Périclès ait mis en avant l'impérialisme athénien, c'était l'âge d'or où l'expansion se doublait toujours de rêves et de valeurs. Cependant, l'impérialisme d'Isocrate vit le jour dans une époque de déclin où l'idéal avait disparu et laissé place à l'instinct colonial.

Au début, en préconisant le « panhellénisme », Isocrate a insisté pour qu'Athènes prenne la tête de la grande cause de l'unification. Selon lui, Athènes disposait des forces navales les plus puissantes, de la civilisation du plus haut niveau, de la plus grande « responsabilité morale » et du meilleur « esprit internationaliste ». Certaines personnes se sont opposées à lui, parce que la conquête entraînerait plus de morts, et qu'il ne fallait pas répéter l'histoire scandaleuse du massacre commis par Athènes. Isocrates estimait que tant que le degré de violence correspondait à la durée de la domination, l'hégémonie finirait par être pertinente. « Pourquoi ne pas se féliciter de recourir rarement à des mesures strictes pour maintenir cette domination dans la plus longue durée ? »

---

1. Isocrate, *Discours grec antique · Tome Isocrates*, traduit principalement par Li Yongbin (Changchun : Jilin Publishing Group, 2015), p. 113.

À sa surprise, Isocrate avait eu beau lancer son appel, pendant 40 ans, il fut ignoré par Athènes, parce que la jeune génération d'orateurs (comme Démosthène) soutenaient la guerre civile. Ils voulaient qu'Athènes continue à frapper Sparte, à attaquer Thèbes et à combattre la Macédoine. Ils préféraient payer les mercenaires pour se battre les uns contre les autres, plutôt que de s'unir pour affronter la Perse. Isocrate déplorait : « Les cités-États qui s'encroûtent dans leurs propres intérêts ne partageront jamais une vie harmonieuse avec les autres », « (Les prôneurs des guerres) s'habituent à mettre leur cité-État en désordre, car la paix commune de toutes les cités-États compromettrait leurs intérêts personnels. »

Athènes ignorant Isocrate, il a été obligé de recourir à d'autres forces. Lors du rassemblement politique en 346 avant J.-C., il a appelé publiquement à l'unification de la Grèce par le roi Philippe de Macédoine[2].

La troupe nationale de ballet hongroise interprète le spectacle « Spartacus » sur la scène de la grande salle du peuple de la province du Zhejiang.

---

2. Dans la lettre *À Philippe,* Isocrate écrit : « Athènes ne sera pacifique dans aucune condition, à moins que toutes les grandes cités de la Grèce ne mettent fin aux différends les unes avec les autres, déclenchent la guerre contre l'Asie et s'approprient les intérêts auprès des Barbares (Perses). » Isocrate, *Discours grec antique · Tome Isocrate,* traduit principalement par Li Yongbin (Changchun : Jilin Publishing Group, 2015), pp. 120-121.

Les Royaumes combattants et la Grèce

Pendant longtemps, la Macédoine est demeurée un pays marginal du monde des cités-États grecques, et ses ancêtres ne maintenaient que de faibles liens du sang avec la Grèce. À cette époque, Isocrate avait déjà 87 ans et n'avait même pas rencontré Philippe. Or, pour la « Grand Grèce », il lui écrivit une lettre ouverte (*À Philippe*) dans laquelle il a déclaré : « J'ai perdu espoir envers Athènes et Sparte, parce que les troubles dans ces deux cités-États les ont enfoncés dans la pire décadence[3]. » Il pensait que le roi Philippe était le seul homme politique fort pouvant vaincre la Perse et unir la Grèce antique.

Il a également donné des conseils au roi avec beaucoup d'enthousiasme : « Vous devriez persuader d'autres gouverneurs de se débarrasser de la tutelle du roi perse, sous la condition de leur donner la 'liberté', et d'étendre cette 'liberté' jusqu'à la région asiatique. Vous vous rendez compte que l'arrivée du mot 'liberté' dans le monde grec, a provoqué l'effondrement de notre empire et de celui de Sparte[4]. »

Ces mots sont loin de correspondre à l'impression des générations postérieures sur la liberté et la démocratie grecques. Bien qu'Isocrate soit reconnu comme un grand philosophe, il est, par essence, un politicien. Les philosophes peuvent réfléchir sur l'éternité, mais les politiciens doivent faire face à la réalité. Vingt ans plus tard, le fils de Philippe, Alexandre, a conquis l'Égypte et la Perse conformément aux idées stratégiques d'Isocrate et a établi le grand empire colonial grec. Mais le « maître » d'Alexandre n'était pas Isocrate, mais Aristote. Aristote est allé plus loin qu'Isocrate sur la route de la « Grand Grèce ».

---

3. Isocrate, *Discours grec antique · Tome Isocrate*, traduit principalement par Li Yongbin (Changchun : Jilin Publishing Group, 2015), p. 127.

4. Isocrate, *Discours grec antique · Tome Isocrate*, traduit principalement par Li Yongbin (Changchun : Jilin Publishing Group, 2015), p. 141.

2.2 La réponse d'Aristote

Aristote était plus jeune qu'Isocrate de 37 ans. Aristote est né en Thrace, une petite cité-État rattachée à la Macédoine, l'année où Isocrate a mis en avant le « panhellénisme » pour la première fois. Aux yeux des Athéniens, la Thrace était une zone barbare marginale. Spartacus, qui se rebellera 260 ans plus tard, venait justement de là.

Aristote était un barbare de naissance mais un Athénien de cœur. À l'âge de 17 ans, il s'est rendu, tout seul à l'Académie de Platon à Athènes et a commencé sa carrière philosophique de 20 ans. En tant que le meilleur disciple de Platon, Aristote était censé lui succéder pour diriger l'Académie. Cependant, Platon a confié, après sa mort, son Académie à son neveu au lieu d'Aristote. La raison la plus importante est que ce dernier venait d'une autre cité-État. Dépourvu de « citoyenneté », Aristote ne pouvait

Temple d'Athéna Nikè à l'acropole d'Athènes

pas posséder de propriétés légales (la terre) à Athènes, ni participer à la politique. Selon la loi, seuls ceux dont les parents étaient Athéniens étaient considérés comme « citoyens ». Isocrate, Socrate et Platon étaient de purs Athéniens. Quelle que soit la durée du séjour d'Aristote à Athènes, ou sa contribution à la ville, il n'avait toujours pas le droit de s'engager dans la politique. La loi d'Athènes séparait éternellement la ville du plus grand sage de la Grèce, et des érudits qui n'étaient pas nés ici mais restaient fidèles volontairement à Athènes. L'ironie est que cette loi a été promulguée par Périclès, connu comme un modèle politique démocratique dans les pays occidentaux.

Aristote quitte Athènes.

Trois ans après la publication de la lettre *À Philippe* par Isocrate, Aristote a été invité à se rendre à la cour de Macédoine en tant que professeur d'Alexandre.

En réalité, Aristote n'a été le maître d'Alexandre que pendant 3 ans. Il lui a donné des cours dans une grotte percée aux deux côtés, et l'a façonné conformément aux normes les plus élevées de la civilisation grecque. Avec son aide, cet adolescent de 14 ans a commencé à s'intéresser à la littérature grecque et aux poèmes épiques d'Homère, et à se passionner pour la biologie, la botanique, la zoologie et d'autres connaissances générales[5]. Ce qui est plus important encore, il lui a enseigné la pensée politique. Aristote a écrit spécialement *Sur la royauté* et *Sur la colonisation* afin d'éduquer Alexandre. Même au cours de son expédition à l'est, Alexandre entretenait une correspondance intense avec son précepteur. Selon le livre *Vies parallèles* de Plutarque, dans les lettres envoyées à Aristote, Alexandre lui posait toujours des questions sur la science politique et se sentait même beaucoup plus joyeux par rapport à la conquête d'une ville. Hegel estime

---

5. Paul Catledge, *Alexandre le Grand*, traduit par Zeng Dehua (Shanghai : Joint Publishing, 2010), p. 48.

Étude comparative des civilisations chinoise et occidentale

que la grandeur de l'esprit et de la carrière d'Alexandre provient juste de la métaphysique profonde d'Aristote[6].

Alexandre a répandu la civilisation grecque tout en conquérant les villes cruellement. Il a construit de nombreuses villes de style grec avec des arénas et des temples en Afrique, en Asie de l'Est, en Asie centrale et en Asie du Sud, y compris en Egypte, en Libye, en Syrie, en Palestine, en Irak, en Perse, en Turquie, en Afghanistan et en Inde. Les musées et bibliothèques de ces villes sont devenus des hauts lieux de la science, de la culture, de la philosophie et de l'art. Alexandre n'a même cessé de transporter des spécimens animaux et végétaux d'origine asiatique à Athènes pour qu'Aristote mène ses recherches. Napoléon qui admirait Alexandre, dans son expédition vers l'Egypte, a été escorté d'un grand nombre d'archéologues, ce qui a abouti à la découverte de la pierre de Rosette et au début de l'égyptologie.

L'approche « conquête violente doublée de la diffusion de la civilisation » de l'impérialisme occidental a été inventée par Aristote.

Si Isocrate a créé une stratégie militaire pour la « Grande Grèce », Aristote, de son côté, a conçu le cadre spirituel pour ce projet.

Ils ont certainement hésité.

Isocrate avait une seule exigence sur la Macédoine : des moyens « contraignants » devaient s'appliquer aux Perses, mais pour les Grecs, il fallait faire appel à la « persuasion » (« La persuasion était destinée aux Grecs, alors que la coercition aux Barbares[7]. »). Aristote était plus explicite.

---

6. Hegel a souligné : « L'éducation d'Alexandre a fortement réfuté l'argument populaire selon lequel la philosophie de spéculation n'est pas utile dans la pratique. Aristote n'a pas adopté la méthode ordinaire moderne pour instruire les princes. À cet égard, tant que l'on remarque la sincérité et le travail sérieux d'Aristote, on se rend compte naturellement qu'il sait ce que sont la vérité et la véritable éducation culturelle. » Hegel, *Leçons sur l'histoire de la philosophie*, traduit par He Lin et Wang Taiqing (Shanghai : Shanghai People's Publishing House, 2013).

7. Isocrate, *Discours grec antique · Tome Isocrate*, traduit principalement par Li Yongbin (Changchun : Jilin Publishing Group, 2015), p. 122.

La Macédoine pouvait gouverner les Asiatiques en tant que « maîtres » (par rapport aux esclaves), mais ne pouvait que traiter les habitants des cités-États grecques en tant que « chefs » (par rapport aux disciples).

C'est bien l'essence de « l'Empire grec » – la démocratie à l'intérieur, la colonisation à l'extérieur ; les citoyens au-dessus, les esclaves au-dessous. Selon l'historien américain Ferguson, « l'empire » décrit la relation entre la nation principale et les nations étrangères, et n'a aucun rapport avec le régime politique adopté au sein de celle-ci. Ce genre d'empire est devenu le prototype spirituel et le modèle politique des futurs empires européens. À partir du XVIIᵉ siècle, l'itinéraire de l'invasion de l'Orient par les empires européens a incroyablement ressemblé à celui d'Alexandre.

Comment l'histoire répondra-t-elle à leurs efforts laborieux ?

2.3 L'enchevêtrement de la liberté et de la division

Commençons par Isocrate.

La bataille de Chéronée a éclaté en 338 avant J.-C. Athènes a refusé d'obéir à la Macédoine, a levé des troupes pour la provoquer, mais a fini par être battue. La Macédoine a profité de la victoire pour organiser la Ligue de Corinthe et est devenue le dominateur du monde grec. Elle a ensuite projeté d'attaquer la Perse.

Quand il a appris cette nouvelle, Isocrate avait déjà 98 ans et était en train de prier dans le Temple de la Médecine d'Hippocrate. Il allait de soi qu'après 50 ans d'efforts, il devrait se réjouir de ce résultat avant sa mort. Pourtant, de manière inattendue, le 9e jour après la victoire de la Macédoine, Isocrate a soudain refusé de manger et est mort en faisant la grève de la faim, parce qu'au même moment, il avait entendu dire qu'Athènes, à laquelle il était toujours attaché, avait perdu un grand nombre de soldats et organisait des funérailles. Une ascension et une chute, une prospérité et une dégradation, son âme était déchirée et son esprit brisé.

Étude comparative des civilisations chinoise et occidentale

Son projet de la « Grande Grèce » contenait une contradiction inéluctable – la Macédoine était puissante, comment s'assurer qu'elle ne ferait que « persuader » Athènes au lieu de la ruiner ? D'un autre côté, les Athéniens, réputés pour leur éloquence, accepteraient-ils d'être « persuadés » par les Macédoniens ? Les cadavres de jeunes Athéniens sur le font ont permis à Isocrate de songer aux tragédies qui risquaient de se répéter à l'avenir. Il chérissait la liberté et aspirait à l'unité. La violence au cours de l'unification avait pourtant détruit la liberté. Le chaos engendré par la liberté portait atteinte à l'unité. L'écart entre son rêve et la réalité, les contradictions, les douleurs ... il ne parvenait pas à comprendre tout cela et s'est suicidé ainsi en faisant la grève de la faim.

Tous ces conflits se sont intensifiés après sa mort.

L'unité avait disparu au sein des cités-États grecques. À la veille de l'expédition des troupes grecques, Philippe venait d'être assassiné, et la ville de Thèbes se révoltait ; juste après la mort d'Alexandre, les Athéniens se sont insurgés contre leurs ennemis ; enfin, lorsque les Macédoniens ont combattu les envahisseurs romains, les cités-États grecques ont donné un coup fatal dans le dos de la Macédoine. Même si cette dernière avait répandu la civilisation de la péninsule grecque à travers le monde, les cités-États grecques préféraient être détruits par des étrangers plutôt que d'accepter la domination des Macédoniens.

En outre, l'empire hellénistique s'est dirigé vers le despotisme. Alexandre a massacré les résidents de Thèbes et réduit toutes les femmes et tous les enfants en esclavage ; dès qu'il a conquis la Perse, il a demandé à l'armée grecque d'embrasser la poussière sous ses pieds et s'est élevé au rang des dieux (fils de Zeus-Amon). Cela est dû au fait que les cités-États orgueilleuses refusaient de se soumettre à tout « être humain », il ne pouvait pas gagner la légitimité de gouverner au-delà des cités-États à moins de devenir un « dieu ». Après sa mort, ses successeurs en Asie et en Afrique (dynastie séleucide et dynastie lagide) l'ont suivi en se transformant eux-mêmes ainsi que leurs descendants en « rois-dieux » qui étaient vénérés de leur vivant. De l'esprit grec rationnel, sont nés des « dieux vivants » plus autoritaires que les rois.

La rébellion des cités-États grecques et le despotisme de l'Empire macédonien se sont développés indéfiniment, et les causes et les effets sont difficiles à discerner.

Ferguson conclut que l'intégration des cités-États grecques était impossible. « Les cités-États grecques ressemblaient à un organisme unicellulaire doté d'une structure interne unique qui ne pouvait se développer que s'il était divisé. Elles étaient capables de se répliquer sans limite. En revanche, ces cellules, qu'elles soient anciennes ou nouvelles, étaient loin de pouvoir s'unir pour former un État-nation puissant[8]. »

Cela s'explique par le fait que le régime des cités-États grecques était basé sur l'autonomie et non sur la démocratie. La double royauté à Sparte et la monarchie en Asie Mineure ont duré aussi longtemps que la démocratie à Athènes. Les cités-États avaient le droit de choisir n'importe quel système politique, elles ne se résignaient jamais à une autorité extérieure. Qui avait le pouvoir de décider le système politique ? Seuls ceux qui y vivaient depuis leur naissance. Les « citoyens » bénéficiant du droit de vote appartenaient obligatoirement à la même origine ethnique que ceux installés dans les cités-États depuis des générations. Les personnes étrangères ne pouvaient pas accéder au pouvoir politique, et encore moins devenir dirigeantes.

L'« autonomie absolue » signifie aussi le « particularisme local », ce qui rendait l'unification impossible. Les cités-États grecques s'opposaient non seulement à l'État territorial, mais aussi à l'État fédéral. Athènes a dénoncé la Ligue de Corinthe construite par la Macédoine comme étant de « l'asservissement ». Mais en réalité, cette ligue se contentait de diviser les droits de vote en fonction de la force des cités-États, c'est-à-dire que les grandes cités-États détenaient plus de voix alors que les petites cités-États

---

8. William Ferguson, *Greek imperialism*, traduit par Yan Shaoxiang (Shanghai : Joint Publishing, 2015), p. 1.

Étude comparative des civilisations chinoise et occidentale

moins de voix ; ces dernières ne souscrivaient catégoriquement pas à cette proposition. Cependant, si la ligue « une cité, une voix » reconnue par les petites cités-États était mise en œuvre (la Ligue achéenne et la Ligue étolienne), les grandes cités-États comme Athènes et Sparte l'auraient considérée comme injuste et l'auraient désapprouvée.

Les intérêts des cités-États devaient primer sur ceux de la communauté. Jusqu'à ce que le monde grec soit conquis par Rome, un « système fédéral » satisfaisant toutes les cités-États, grandes ou petites, n'avait toujours pas vu le jour.

2.4 À La recherche de l'ordre et de l'unité

Les concepts politiques de la période des Royaumes combattants et de la Grèce antique étaient complètement différents en ce qui concerne « la division » et « l'unité ».

Dans la Chine ancienne, il y a eu la coexistence d'une multitude d'États, ainsi que l'indépendance d'une cité en tant qu'État (des milliers d'États détenaient le jade et la soie[9]), ce qui ressemblait beaucoup au monde des cités-États grecques. Jusqu'à la dynastie des Zhou, il restait encore 1 800 royaumes tribaux. Mais finalement, ces cités-États ne sont pas restées longtemps séparées, et ont constitué au cours des batailles des royaumes régionaux, et sont développées pour devenir une dynastie unifiée. À première vue, il en est allé de même pour les civilisations anciennes d'Asie occidentale et d'Afrique du Nord telles que Sumer, l'Égypte et la Perse. Par contre, au fond, ce n'était pas la même chose. Les anciens États asiatiques et africains s'appuyaient sur la « théocratie », tandis que la Chine s'appuyait sur le consensus de l'éthique laïque.

---

9. *Zuozhuan · Aigong · Septième année* : « Yu rassemble les seigneurs au mont Tu, des milliers d'États tiennent le jade et la soie. » Yang Bojun, *Interprétation de Zuozhuan* (Beijing : Zhong Hua Book Company, 2016).

Les Royaumes combattants et la Grèce

Miniature dans la salle des rites des six arts de Confucius à Qufu, province du Shandong, reproduisant la scène du pèlerinage de mille États auprès de l'empereur des Zhou ainsi que le défilé militaire

Dans le monde des États des dynasties Xia, Shang et Zhou de Chine, il existait toujours un grand État avec une supériorité absolue en termes de force politique et d'influence culturelle, un co-seigneur nominal ou de facto[10]. Pour devenir co-seigneur, il fallait posséder le seul mandat du

---

10. Les archéologues ont confirmé que la dynastie des Shang, dotée d'une monarchie étendue, exerçait une influence sur la zone du sud du fleuve Yangtsé aujourd'hui. Le professeur Li Boqian, scientifique en chef du projet de détermination des dynasties Xia, Shang et Zhou, a déclaré que les résultats de la recherche collaborative sur l'histoire de la littérature, l'archéologie et la technologie de datation démontrent que la dynastie Xia a existé objectivement dans l'histoire chinoise et que l'histoire des Xia est fondamentalement crédible. Wang Ding, Gui Juan et Shuang Rui. « Essai de résolution de la 'conjecture de Goldbach' de l'archéologie chinoise – à la recherche des Xia pendant 60 ans ». http://www.xinhuanet.com/politics/2019-11/30/c_1125292348.htm

Étude comparative des civilisations chinoise et occidentale

ciel. Ce mandat concernait à la fois la force et la moralité. La moralité n'était pas basée sur la théocratie, mais sur la popularité. Celui qui est fort et protège le peuple détient le mandat du ciel. Sinon, ce mandat était transféré, comme la révolution des Yin contre les Xia, des Zhou contre les Yin. Cependant, les États ayant perdu le mandat du ciel n'ont pas été détruits, ils ont survécu en obéissant au nouveau dominateur. Bien que les sept Royaumes combattants ne se pliaient plus aux ordres de l'empereur des Zhou, ils consentaient unanimement à l'unicité du mandat du ciel et à ce que la division ne doive pas durer longtemps. Les cent écoles de pensée se disputaient de manière acharnée, mais elles étaient toutes convaincues que l'établissement d'un ordre unifié était la clé pour passer du chaos à la stabilité. Alors que dans les cités-États grecques de la même époque, il n'y avait pas de co-seigneur ; les différentes ligues se battaient et ne reconnaissaient jamais la nécessité d'un « ordre commun ».

Quant aux relations entre les États, les nouveaux États féodaux du peuple Zhou étaient chargés de défendre l'empereur des Zhou, alors que ceux d'autres peuples étaient liés avec les Zhou à travers le mariage. Il y avait toute une série de règles à suivre entre les États féodaux : par exemple, lorsque la peste survenait dans un État, les autres États devaient le soutenir au niveau financier ; quand un État connaissait la famine, les autres lui prêtaient de la nourriture ; s'il y avait des événements joyeux ou tristes dans un État, les États voisins devaient s'y rendre pour célébrer ou porter le deuil. Ces responsabilités étaient obligatoires et leur exécution contrôlée par le Fils du Ciel. Même pendant la période des Printemps et Automnes, lorsque l'autorité de l'empereur s'est affaiblie, les dirigeants des États devaient encore obéir à cet ensemble de règles pour maintenir leur autorité. Cela renforçait la reconnaissance de l'appartenance des États au « monde chinois ». Or, parmi les cités-États grecques, bien qu'il existât un certain lien de sang ancestral, aucune relation de responsabilité n'était établie. Même les nouvelles cités-États colonisées n'avaient aucune responsabilité ou obligation envers l'État-mère, et même le contestaient. Les Grecs ont été également troublés par cette situation gênante, et au début, l'organisation des festivals et des concours sportifs consistait à « réveiller » leur identité de Grecs. Par ailleurs, même pendant la guerre gréco-perse, l'identité collective des Grecs n'a joué qu'un rôle marginal.

Les racines des deux civilisations ont conduit à deux voies différentes.

L'Occident n'a cessé de s'acheminer vers la division, du point de vue géographique, ethnique et linguistique. Pourtant, il faut mentionner des efforts d'unification, comme celui des Romains et celui des chrétiens. Mais la tendance à la division a prévalu et s'est finalement résumée à l'individualisme et au libéralisme.

La Chine, de son côté, a avancé vers l'union, tant sur le plan géographique, qu'ethnique et linguistique. Il y a eu des périodes de séparation, comme des changements dynastiques ou des chocs avec les peuples nomades. Cependant, la tendance à l'unification a dominé, aboutissant à la racine collectiviste de la civilisation chinoise.

La civilisation chinoise n'est pas dépourvue de la notion de « division » (« fen »), mais il ne s'agit pas de diviser « pour régner » (« fenzhi »), mais pour « répartir le travail » (« fengong »). Xunzi a été explicite sur la « relation division-unité ». Selon lui, comment les êtres humains, qui sont physiquement faibles, peuvent-ils surpasser les animaux et survivre ? Parce qu'ils savent s'organiser en groupes. La clé de ce processus réside dans la « répartition du travail », c'est-à-dire l'identification de différents rôles sociaux qui assument la responsabilité l'un envers l'autre. Tant que la division du travail correspond à « la bienséance et la droiture », la société peut être intégrée. Par conséquent, la division donne lieu à l'unité, et l'unité contribue à l'unification ; un pays unifié dispose de plus de puissances et devient plus fort, jusqu'à ce qu'il puisse transformer la nature.[11]

---

11. *Xunzi, Gouvernement royal* : « Pourquoi les gens peuvent-ils se regrouper ? Xunzi répond : Parce qu'ils savent diviser. Comment la division peut-elle fonctionner ? Xunzi dit : Par la justice. Avec la justice, la division donne lieu à l'unité, et l'unité contribue à l'unification ; un pays unifié dispose de plus de puissance et se renforce, jusqu'à ce qu'il puisse transformer la nature. » Wang Xianqian, *Remarques générales sur Xunzi* (Beijing : Zhong Hua Book Company, 1988), p. 164.

Étude comparative des civilisations chinoise et occidentale

2.5 Les conséquences de la fermeture et de l'ouverture

Isocrate est mort. Parlons du destin d'Aristote.

Au cours de la glorieuse expédition d'Alexandre, Aristote, son précepteur, avait gagné sa célébrité et est retourné à Athènes avec honneur. Il a créé le « Lycée », financé par la Macédoine.

Le Lycée est vite devenu un rival de l'Académie de Platon. Aristote y recrutait spécialement des penseurs d'origine étrangère comme lui. Les Athéniens ont réprimandé Aristote pour son « ingratitude », pour ses efforts d'avoir rassemblé ces étrangers qui servaient de groupes de réflexion, d'espions et de lobbyistes pour la Macédoine, et qui entreprenaient la colonisation culturelle.

C'est probablement l'idée originelle d'Aristote. Puisque Athènes ne pouvait être vaincue que par la sagesse, ce grand philosophe s'est décidé alors à la conquérir avec une plus grande intelligence. Avec ses 47 œuvres achevées au Lycée, Aristote est arrivé à construire le système de connaissances le plus étendu et le plus unifié de l'histoire humaine. Ce séjour dans cette ville est appelé sa « deuxième période athénienne ». Pour la première fois, il a annoncé que la sagesse ne nécessitait pas de révélation divine, mais était susceptible d'être comprise par l'intermédiaire de la raison et de la logique.

À Athènes, Aristote a achevé le célèbre ouvrage *Politique*, considéré comme le grand chef-d'œuvre de la science politique occidentale, qui contient de nombreuses réflexions sur la politique des cités-États. Il identifie six types de régimes politiques : monarchie, tyrannie, aristocratie, oligarchie, démocratie et anarchie. Il stigmatise le régime d'anarchie, estimant qu'il renvoie à une autre forme d'autocratie qui ne s'appuie pas sur la loi et est similaire au populisme extrême.

Ce qui est étonnant, c'est qu'il a mis en avant le concept de « royauté absolue », soit « un monarque au pouvoir absolu, qui représente à lui seul tout le clan ou toute la cité, a pleine autorité sur les affaires publiques de tout le peuple, sous une forme analogue à la gestion de la famille par

Les Royaumes combattants et la Grèce

le patriarche »[12]. Selon lui, « l'entité l'emporte toujours sur la partie, une figure aussi remarquable constitue en elle-même une entité et les autres en font partie. Le seul moyen possible est d'obéir à sa règle, et de le laisser régner indéfiniment en privant les autres de leur chance. »[13] Dans l'éthique politique du monde grec, cela pouvait être vu comme une extrême hétérogénéité.

Quel était le prototype de cette « royauté absolue » ? Certains chercheurs occidentaux pensent qu'il s'agit d'une théorie inventée par Aristote au service d'Alexandre[14]. Comme le dit Zeller : « Supposons qu'il (Aristote) utilise l'idéal d'un vrai roi comme un moyen de guider un pouvoir sans aucun opposé, sans aucune limite, à des fins bénéfiques, et propose à un monarque si vaniteux qui ne pourrait tolérer quiconque autour de lui que la royauté absolue ne peut être atteinte que par une grandeur morale absolue égale. »[15] Cela nous rappelle la motivation de Xunzi pour convaincre l'État Qin d'accepter le confucianisme.

Cependant, la plupart des chercheurs occidentaux de courant principal estiment que la « royauté absolue » n'était pas un concept destiné à Alexandre, mais faisait référence soit à l'autocratie maître-esclave de l'Empire perse[16], soit à un modèle extrême de la déduction de la théorie d'Aristote, qui ne sera pas mis en application, car ce « monarque excellent »

---

12. Aristote, *Politique*, traduit par Wu Shoutao (Beijing : Commercial Press, 1965), p. 164.

13. Aristote, *Politique*, traduit par Wu Shoutao (Beijing : Commercial Press, 1965), p. 176.

14. A. B. Bosworth, *Alexander and the East: The Tragedy of Triumph* (Oxford : Oxford University Press, 1998), pp. 105-110.

15. B. F. C. Costelloe, M. A. et J. H. Muirhead, *Aristotle and the Earlier Peripatetics: Being a Translation from Zeller's Philosophy of the Greeks*, vol. II (M. A. London, New York et Bombay : Longmans, Green, and Co., 1897), pp. 255-256.

16. Newman, *The Politics of Aristotle*, avec l'introduction, deux préfaces et des critiques et explications rédigées par W. L. Newman (M. A. Oxford : The Clarendon Press, 1902), pp. 243, 255-256. « C'est autant que de dire que ce sont des rois absolus. Le roi perse était une loi pour son peuple. » « Cependant, c'est le caractère temporaire de la royauté absolue

Étude comparative des civilisations chinoise et occidentale

n'existait qu'en théorie et jamais dans la réalité. Aristote « félicite le 'Dieu parmi les hommes' ... mais admet que c'est un rêve presque impossible à réaliser »[17]. Par contre, la cité-État est une institution humaine, développée par des individus imparfaits à la poursuite d'une bonne vie commune[18]. En conséquence, la recherche fondamentale d'Aristote est toujours restée la politique républicaine, soit une combinaison de l'aristocratie et de la démocratie.

Mais en tout cas, Aristote, en tant que maître spirituel politique de la cité-État républicaine, a même imaginé la royauté absolue, ce qui illustre pleinement les contradictions profondes du monde de la pensée grecque.

La treizième année après le retour d'Aristote à Athènes (en 323 av. J.-C.), Alexandre meurt de maladie à Babylone. Il quitte le monde non sans regret. En 325 av. J.-C., Alexandre a mené une expédition vers la rivière Beas au Pendjab (en Inde aujourd'hui), dirigeant ses troupes qui ont conquis l'Égypte, la Perse et l'Inde. De l'autre côté du fleuve, c'est le reste du territoire indien et toute la Chine. Il a encouragé les soldats à avancer avec ardeur. Derrière ces chevaliers qui se battaient pour Alexandre depuis de longues années, des caravanes de chevaux et de chameaux étaient chargées de butins de guerre. Ils n'avaient plus l'envie de s'orienter vers l'Orient. Alexandre fut obligé de retourner tout en pleurant au coucher du soleil au bord du fleuve et mourut deux ans plus tard.

La même année, en Chine, le roi Huiwen de l'État de Qin avait fini de digérer les fruits de 30 ans de réforme de Shang Yang et avait formellement déterminé son ambition d'unifier le monde ; le roi Wuling de Zhao est monté également sur le trône la même année, a commencé la pratique de l'équitation et du tir à l'arc, et il a réussi à construire l'armée mixte de

---

qu'il souhaite vraiment discuter. Dans son récit de cette forme, Aristote a probablement la royauté perse devant lui. »

17. Sir David Ross, *Aristotle*, avec l'introduction rédigée par John L. Ackrill, sixième édition (Londres et New York : Routledge, 1995), p. 268.

18. Jonathan Barnes (dir.), *The Cambridge Companion to Aristotle* (Cambridge : Cambridge University Press, 1995), p. 246.

Les Royaumes combattants et la Grèce

cavalerie et d'infanterie la plus puissante en Asie de l'Est. Vers la même année, Mencius a visité les États de Zou, Teng et Wei, il a transmis la théorie de Confucius et mis systématiquement en avant la pensée du « gouvernement bienveillant » ; Zhuangzi, héritier de l'idée de Laozi, se rendit à Song, Chu et Wei, et proposa la « voie du Ciel » ; le royaume de Qi se mit à construire l'Académie Jixia, en essayant de regrouper le confucianisme, le taoïsme, les Ming, le légisme, le courant militaire, le courant agricole, le Yin et le Yang. Le monde spirituel de la civilisation chinoise a ainsi été façonné. Des puissances militaires au système social, en passant par l'idéologie, les deux anciennes civilisations de l'Orient et de l'Occident ont donné naissance au même moment à leur noyau respectif. Mais l'histoire ne leur a pas permis de se rencontrer et de se mélanger, à l'exception de quelques traces. Des archéologues du XXe siècle ont déterré une étrange pièce de monnaie en cuivre à Hotan, Xinjiang. Le corps de la pièce est de forme typiquement grecque (ronde et non perforée), mais la

Les pièces de monnaie à deux corps Han-Kesh résultent d'une combinaison harmonieuse des cultures orientale et occidentale, et témoignent de manière solide de la relation étroite entre la dynastie des Han et l'ancien royaume de Khotan et de l'influence de la culture Han sur celle de Khotan. La photo montre une pièce de monnaie à deux corps Han-Kesh conservée au musée Hotan.

valeur monétaire et le poids sont conformes aux réglementations des Qin et Han (« pièces de cuivre de 24 zhus », « pièces de six zhus »). Le recto est en caractères de style sigillaire chinois, et le verso en alphabet kharoshthi, langue des royaumes gréco-bactriens. Ces royaumes hellénistiques, qui remontent aux exploits d'Alexandre, sont devenus l'actuel Afghanistan. Par l'intermédiaire du royaume de Yuezhi, qui s'était déplacé vers l'ouest, il y a eu des échanges culturels et commerciaux avec la dynastie des Han, jetant la base de la « Route de la soie » reliant l'Est et l'Ouest par la suite. Cela a, en quelque sorte, conforté Alexandre qui rêvait de marcher jusqu'au « bout du monde ».

Retournons à la Grèce. Le grand étudiant Alexandre vient de décéder, et le grand maître Aristote subit immédiatement des contre-attaques. Il risquait d'être jugé par l'Ecclésia d'Athènes sous prétexte de son « blasphème ». La dernière victime de ce jugement injuste qui s'est suicidé avec le poison létal – la ciguë, est le maître de son maître, Socrate.

Aristote ne voulait pas suivre la voie tragique de son prédécesseur. Il s'est échappé vers l'île de Via contrôlée par la Macédoine, qui abritait des sources thermales et une forêt de pins. Un an plus tard, triste, il quitta ce monde. Son évasion provoqua des moqueries chez les Athéniens, qui disaient qu'il était dépourvu du caractère de Socrate.

Le système académique d'Aristote a forgé la civilisation occidentale ultérieure, mais n'est pas arrivé à conquérir Athènes. L'insistance absolue des cités-États grecques sur la « localisation » a eu pour conséquence la fermeture politique. Les penseurs chinois contemporains ont eu beaucoup plus de chance qu'Aristote et ont pu voyager de pays en pays. Dans les pays appropriés pour diffuser et appliquer leurs idées politiques, ils ont séjourné pour devenir stratèges. Les réformes dans les sept pays des Royaumes combattants ont été menées par les penseurs vagabonds étrangers. L'unification du monde par Qin est due au fait que le Premier ministre et le chancelier invité étaient tous deux des intellectuels étrangers. Le gouvernement en division ne signifie pas nécessairement l'ouverture, et l'unification n'est pas synonyme de fermeture.

Les Royaumes combattants et la Grèce

2.6 La différence entre occupation et gouvernance

Comme le destin posthume d'Isocrate, l'évolution de la situation après le décès d'Aristote s'oriente également vers l'opposé de sa conception originelle.

L'empire d'Alexandre était scindé, les trois royaumes qui ont succédé se battaient les uns contre les autres en vue de gagner leur indépendance. Ce chaos ne s'explique pas par la mort prématurée de l'empereur, mais par le fait que de son vivant, à part la promotion des mariages mixtes des nobles en Europe et en Asie, Alexandre n'a pas procédé à une intégration politique interne au sein de l'empire immense qu'il avait fondé, ni à la construction du pouvoir dans les unités de base.

L'Empire macédonien s'est développé en créant des villes autonomes de style grec partout où il passait. Cette « autonomie » ne concernait que les colons grecs restés dans la ville, à l'exclusion des sociétés indigènes conquises. Dans chaque ville asiatique occupée, Alexandre envoyait les « amis du roi » en guise de gouverneurs, qui ne géraient que l'armée et les impôts. Les affaires civiles de la ville étaient prises en charge par le « comité autonome » composé de colons grecs. Afin d'obtenir des recettes fiscales à l'avance et de réduire les coûts administratifs, les gouverneurs macédoniens ont même vendu aux enchères les droits de perception des impôts aux hommes d'affaires.

Dans les Royaumes combattants en Chine, l'organisation du pouvoir politique de base était complètement différente. Les bulletins Qin découverts montrent qu'à chaque endroit conquis, l'État de Qin instaurait une organisation politique de base, du district au canton. Les fonctionnaires du district et du canton étaient chargés de recouvrer les impôts, de défricher les terres, de compter les ménages, d'enregistrer les biens immobiliers, et de transférer toutes ces informations à la capitale Xianyang pour les classifier et les conserver. Les fonctionnaires ne restaient pas longtemps au même endroit, mais changeaient de place à tour de rôle au bout de plusieurs années. C'était alors le mode d'organisation des préfectures et districts.

Étude comparative des civilisations chinoise et occidentale

L'abandon de l'administration civile et l'envoi de troupes pour réprimer la désobéissance tant que l'impôt et l'argent étaient disponibles ont pu, pendant un moment, être utilisés pour obtenir un maximum de richesses à un minimum de coûts administratifs ; mais dans ce cas, l'empire renonçait à l'intégration et à la planification à long terme de la société. Dans un tel système, lorsque le gouvernement central était fort, tout fonctionnait bien ; une fois qu'il était affaibli, une force centrifuge était générée et les villes devenaient incontrôlables les unes après les autres. L'effondrement de l'empire d'Alexandre était inéluctable.

Cette responsabilité ne doit pas être imputée à Alexandre, car même son maître Aristote n'avait jamais conçu une théorie d'entité politique à grande échelle. Son concept de « royauté absolue » n'était qu'une interprétation bornée à une seule cité-État. À cette époque, il n'existait pas de régimes politiques d'envergure suffisamment grande à étudier, comme l'Égypte et la Perse. Mais Aristote pensait que ces régimes étaient tous « apolitiques » et loin d'être avancés, et seule celle des cités-États grecques méritait d'être qualifié de « politique »[19]. Bien que l'empire d'Alexandre soit devenu une réalité politique sous sa direction spirituelle, Aristote n'avait toujours pas imaginé un système de régimes de méga-états plus « avancés » que ceux de l'Égypte et de la Perse.

Les gens des générations suivantes, ont soutenu que bien que l'État grec unifié en tant qu'entité politique ait disparu, l'esprit culturel de la Grèce a été immortalisé dans le corps de Rome et a donné naissance à

---

19. Selon Aristote : « La plupart des gens pensent qu'une grande cité-État est nécessairement plus heureuse. Peut-être qu'ils ont raison, mais ils ne comprennent pas vraiment ce que signifie une grande ou petite cité-État. Ils jugent la taille d'une cité-État par le nombre de ses habitants, mais la force d'un État se mesure davantage à la capacité de ses habitants. De même que les gens jouent leur rôle selon leur propre compétence, une cité-État doit également faire ressortir sa capacité réelle – seules celles avec une gouvernance par les groupes ethniques les plus puissants peut être considérée comme une plus grande cité-État. » Aristote, *Politique*, traduit par Wu Shoutao (Beijing : Commercial Press, 1965), p. 358.

Les Royaumes combattants et la Grèce

l'esprit européen. Peu importe si le pays périt, il suffit que la culture dure pour toujours.

Que disait alors le peuple grec ? Au cours de l'extinction des cités-États grecques, un grand nombre d'intellectuels grecs de haut rang ont été envoyés comme otages dans des familles nobles romaines pour y devenir précepteurs, dont le célèbre historien Polybe. Dans son œuvre – les *Histoires*, il s'interroge : « Pourquoi la Grèce se désintègre-t-elle constamment, mais Rome demeure-t-elle toujours forte ? » Ce qu'il voulait, ce n'était probablement pas une Grèce juste « dans l'esprit », mais une Grèce dans laquelle coexistaient le physique et le spirituel.

CHAPITRE 3

CONCLUSION

3.1 La vengeance des maîtres

Après le décès d'Aristote, il a été négligé par le monde intellectuel pendant sept ou huit siècles. Son expérience en Macédoine était perçue comme une tache dans sa vie. Dans les archives grecques et romaines, sont notés plein de commentaires ironiques contre lui, qui le qualifient de « réaliste », d'« utilitariste », de « dépendant de la puissance ». Ce n'est qu'au Moyen Âge, lorsque les religieux ont cherché à utiliser ses pensées pour justifier l'existence de Dieu, qu'il a enfin retrouvé son honneur. Ses œuvres, conservées à la bibliothèque d'Alexandrie en Égypte, ont été traduites par les Arabes et ramenées en Europe par les Croisades, favorisant plus tard l'apparition de la Renaissance.

Isocrate a été délaissé encore plus longtemps. Pendant de longues années dans l'histoire, les gens considéraient son suicide comme une malédiction, parce qu'il avait trompé la Grèce avec son « complice » Philippe. À la tête de la colonne de sa tombe, se dresse une statue de Sirène, connue pour sa séduction par le chant. Ce n'est qu'à l'époque moderne où a été rediscutée la contribution de l'Empire macédonien à la diffusion de la culture grecque, qu'Isocrate a été enfin réévalué.

Étude comparative des civilisations chinoise et occidentale

Nous avons mentionné la réputation de Xunzi dans les générations postérieures. Ajoutons-y quelques mots. En 1898, lors de l'échec de la réforme des Cent Jours, Tan Sitong, avant d'affronter la mort, a écrit « Études sur la bienveillance » pour critiquer Xunzi. Selon lui, quelle que soit l'idéologie utilisée apparemment par les dynasties chinoises, elle se résume, au fond, en la pensée de Xunzi. « Le régime politique depuis deux mille ans est celui des Qin, où règnent les voleurs ; les études depuis deux mille ans sont celles de Xunzi, qui représente les hypocrites. Seuls les voleurs tirent profit des hypocrites, seuls les hypocrites flattent les voleurs[1]. » Liang Qichao a encore plus durement fustigé Xunzi, affirmant qu'il était le coupable ayant introduit le légisme dans le confucianisme et conduit à la persistance de l'autoritarisme pendant deux mille ans.

Néanmoins, 30 ans plus tard, Liang Qichao, « en constante rupture avec le moi d'hier », a réhabilité Xunzi peu avant sa mort (en 1927).

La première « preuve de culpabilité » de Xunzi était sa « théorie de la nature perverse de l'homme » – « L'homme est clairement né pervers, et sa bonté est fausse (*wei*). » Mais Liang Qichao s'est efforcé de trouver une autre explication de l'adjectif chinois *wei* : à l'époque des Royaumes combattants, *wei* ne signifiait pas « faux », mais « changeable ». (*Xunzi-Plaidoyer* : « *Wei* veut dire que l'on s'en préoccupe et que l'on est capable de changer, que l'on accumule les soucis, que l'on se perfectionne et réussit. ») Xunzi ne soutenait pas que « la nature humaine est intrinsèquement mauvaise, seul le despotisme peut résoudre le problème », mais que « la nature humaine est mauvaise, certes, mais est changeable ». Ainsi, il fallait recourir aux punitions et aux lois strictes pour traiter le mal de la nature humaine, et à la bienveillance, la droiture et la moralité afin de cultiver la bonté de la nature humaine. Cela associait la pensée de Xunzi à celle de Confucius et Mencius.

---

1. Zhang Dainian (dir.), *Recueil des pensées de la lumière · Bienveillance · Collection de Tan Sitong* (Shenyang : Liaoning People's Publishing House, 1994), p. 70.

Les Royaumes combattants et la Grèce

Au cours de ces trente années, Liang Qichao a connu la doctrine Monroe aux États-Unis, et vu la Première Guerre mondiale et la faillite de la Société des Nations. Il a mené la réforme des Cent Jours, s'est engagé dans la république, a formé le Parti constitutionnel, a participé à la Deuxième Révolution, et a fini par s'adonner à la recherche. Il a compris la Chine et s'est compris lui-même.

Finalement, il a modifié son jugement sur Xunzi.

Dans l'histoire moderne chinoise, Liang Qichao n'est pas le seul à avoir réévalué Xunzi. Zhang Taiyan considérait Xunzi comme un sage après Confucius[2] ; Hu Shi estimait que la pensée de Xunzi était liée à toutes les écoles de son temps ; Guo Moruo déclarait que Xunzi était l'ancêtre de l'école mixte ; Feng Youlan a souligné que la place de Xunzi dans l'histoire de Chine ressemblait à celle d'Aristote en Occident[3] ; enfin, selon le président Mao Zedong, Xunzi était un matérialiste, un « gauchiste » du confucianisme, et il appréciait la vision philosophique de Xunzi de « contrôler le mandat du Ciel et d'en profiter » et la vision historique de « la prééminence de la loi par rapport au roi[4]. »

Le destin de ces penseurs montre que chaque civilisation et chaque quête spirituelle contiennent d'énormes contradictions. Dans l'histoire humaine, il n'existe pas une théorie qui puisse tout expliquer, ni un principe absolu universel. Tout penseur qui s'applique à changer le monde réel plutôt qu'à construire une utopie est confronté à la douleur de l'incohérence et des conflits à un moment donné. Mais dans cette douleur et ces conflits, se cache une voie future qui se complète graduellement. Il faut ne pas se résigner à l'absoluité, et oser créer des possibilités dans l'impossible.

---

2. Tang Zhijun (dir.), *Recueil sélectif des critiques politiques de Zhang Taiyan* (Beijing : Zhong Hua Book Company, 1977), p. 38.

3. Feng Youlan, *Histoire de la philosophie chinoise (I)* (Shanghai : East China Normal University Press, 2000), p. 234.

4. Chen Jin, *Histoire de lecture de Mao Zedong* (Shanghai : Joint Publishing Company, 2014).

3.2 Le retour aux civilisations

À l'heure actuelle, le plus grand conflit réside dans les différents choix : la priorité doit-elle être donnée à « la liberté » ou à « l'ordre » ? C'est exactement l'essence respective de la civilisation grecque et de la civilisation chinoise.

Les Grecs s'attachaient à la liberté au point que le nom de leur ethnie est passé pour le synonyme de « sagesse ». Une personne venant de Grèce est considérée comme un sage, quelle que soit sa ville natale. L'amour du peuple chinois pour l'ordre fait de la Chine la seule civilisation qui maintient les mêmes racines et la même culture et qui a persisté jusqu'à aujourd'hui sous la forme d'un pays.

Parfois, les avantages se transforment en faiblesses. Par exemple, au niveau de la science et de la technologie, la civilisation chinoise n'a pas engendré la science moderne de manière ponctuelle. Du point de vue institutionnel, la poursuite extrême de l'ordre entrave la formation de valeurs d'efficacité et conduit à la perte du dynamisme des innovations technologiques. En termes de valeurs, le pragmatisme et l'empirisme extrêmes contrarient le raisonnement logique du monde objectif, entraînant la séparation de la théorie, de l'expérience et de la technologie, et freinant l'émergence de la science moderne en Chine. Bien que les réalisations scientifiques et technologiques de la civilisation grecque aient été influencées par les connaissances en mathématiques, en astronomie et en ingénierie accumulées par les anciennes civilisations d'Asie et d'Afrique, c'est la Grèce après tout, et non pas celles-ci, qui a renouvelé ces fruits de manière systématique et jeté la base de la future science européenne. C'est à cet égard que la civilisation chinoise doit suivre l'exemple de la civilisation grecque.

La Chine n'est pas la seule civilisation unifiée. Pour toutes les civilisations de ce genre, le fondement des valeurs est la paix à long terme. La stabilité apportée par la paix constante, ou l'innovation qui découle de la liberté chaotique, laquelle poursuivre ? Cela a déclenché des débats interminables dans les domaines de la philosophie, de la politique, de

Les Royaumes combattants et la Grèce

l'éthique, etc. Nous pouvons dire qu'il s'agit d'une discussion entre les valeurs de différentes civilisations, et que l'on ne parviendra jamais à une conclusion. Même au sein des civilisations grecque ou romaine, il existait des réponses divergentes aux mêmes questions. Certains historiens disent que Rome était bien inférieure à la Grèce concernant la production de la sagesse. La philosophie et la science sont toutes nées en Grèce, alors que Rome n'a nourri que quelques poètes et artisans. Par contre, sans la structure politique de Rome, la diffusion mondiale de la culture grecque et du christianisme aurait été impossible à réaliser. Des politiciens ont dit que seule la démocratie directe comme à Athènes, où le droit de gouverner se décidait par tirage au sort, était une véritable démocratie. En revanche, faute du système politique mixte de Rome, l'esprit attique serait toujours limité à une petite cité-Etat de dizaines de milliers d'habitants et ne se serait pas développé en une civilisation mondiale.

Les réponses dissemblables correspondent à des chemins différents. Garder ces différences offre justement la possibilité d'une sublimation de la civilisation dans le futur. La coexistence de la diversité et de la contradiction laissera plus de graines pour le patrimoine génétique de la civilisation humaine.

Par conséquent, les différences sur la priorité accordée à la liberté ou à l'ordre ne doivent pas constituer un obstacle dans les échanges des civilisations chinoise et occidentale, tout au contraire, elles sont censées créer des conditions pour un apprentissage entre deux civilisations. D'une part, le développement technologique se trouve à la veille d'une innovation explosive, nous permettant de prendre conscience de la créativité apportée par la liberté ; d'autre part, l'éclatement fréquent de crises de sécurité non traditionnelles nous a fait reconnaître la valeur de l'ordre. Pour la liberté, il s'agit de renforcer l'ordre pour empêcher la désintégration ; pour l'ordre, l'accent est mis sur la consolidation de la liberté afin de stimuler l'innovation. L'essentiel n'est pas de choisir entre la liberté et l'ordre, mais de déterminer dans quelle mesure renforcer l'une ou l'autre.

Étude comparative des civilisations chinoise et occidentale

Dans le passé, il fallait même des centaines d'années pour vérifier une idée, et des générations pour corriger les fautes. Mais aujourd'hui, avec la révolution technologique, il est possible d'en voir les tenants et les aboutissants en quelques années. Seule une civilisation qui sait mener à bien l'introspection, la tolérance, la coexistence harmonieuse et l'apprentissage mutuel est capable de s'assurer un véritable développement durable. À cette fin, la Chine et les pays occidentaux devraient vraiment s'asseoir et s'entretenir à cœur ouvert.

DEUXIÈME PARTIE

Les dynasties Qin et Han et Rome

Les dynasties Qin et Han et Rome

Fukuyama, l'auteur de *La Fin de l'histoire et le dernier Homme*, a écrit de nombreux articles ces dernières années, soulignant que le système chinois possède de « fortes capacités nationales » et que la Chine a établi le premier « État moderne » du monde à partir des dynasties Qin et Han, devançant l'Europe de 1 800 ans[1]. Le mot « moderne » fait référence à un système rationnel de fonctionnaires qui n'est pas lié au sang, mais qui s'appuie sur la loi, dispose d'une hiérarchie claire et de pouvoirs et responsabilités précises.

En même temps que les dynasties Qin et Han, il y a eu Rome. Dans l'histoire européenne, tous ceux qui ont eu pour vocation de construire une entité politique gigantesque ont considéré Rome comme leur symbole spirituel, de Charlemagne au Saint-Empire romain germanique, de Napoléon au Troisième Reich. Aujourd'hui encore, l'ordre mondial est souvent appelé « Paix américaine » (Pax Americana)[2], cette expression remonte étymologiquement à la « Paix romaine » (Pax Romana).

Les Qin, les Han et Rome, en tant que grandes entités politiques basées sur la civilisation agricole, ont dû gérer les relations entre l'annexion des terres et la faillite des petits paysans, entre le gouvernement central et les collectivités locales, entre le pouvoir politique et les seigneurs de la

---

1. Francis Fukuyama, *Le Début de l'histoire : des origines de la politique à nos jours*, traduit par Mao Junjie (Guilin : Guangxi Normal University Press, 2014) ; Francis Fukuyama, *Ordre politique et décadence politique*, traduit par Mao Junjie (Guilin : Guangxi Normal University Press, 2015).

2. H. L. Lee, « The endangered Asian century », *Foreign Affairs*, no. 99 (2020) : 52-64.

guerre, entre les niveaux supérieur et inférieur, entre la culture locale et les religions étrangères. Mais les résultats ont été totalement différents. En Europe, il n'y a plus eu d'empire comme celui de Rome, il ne restait que des pays féodaux européens qui avaient la foi chrétienne ; tandis qu'après les Qin et les Han, sont apparues successivement les dynasties d'unification des Sui et Tang.

Ce chapitre porte sur ces fondements et défis similaires et ces voies et résultats divergents.

CHAPITRE 4

LES DEUX CIVILISATIONS

4.1 Le gouvernement de base des dynasties Qin et Han

En 2002, dans le district de Liye, Longshan, de l'ouest du Hunan et dans les monts Wuling, des archéologues ont découvert une petite ville de la dynastie des Qin. Dans un puits abandonné, ont été déterrés des dizaines de milliers de documents administratifs sur des bulletins de bambou (Bulletins Qin de Liye). C'est la deuxième découverte majeure après l'armée de terre cuite de Qin Shi Huang, qui a permis d'observer de près le régime de base de la dynastie des Qin.

L'ancienne ville de Liye a été établie en tant que district de Qianling instauré par Qin après la conquête de Chu. La ville fouillée était petite, seulement de la taille d'un terrain de sport universitaire. La population ne s'élevait qu'à 3 000 ou 4 000 habitants. La dynastie des Qin y ont mis en place, de manière surprenante, une organisation complète d'un district avec trois cantons, avec 103 fonctionnaires[1]. Ces derniers ont guidé les gens

---

1. Institut de recherche archéologique du Hunan, « Le royaume de Liye au mont Longshan du Hunan – Bulletins Qin de la découverte du premier puits », *Pièces archéologiques*, no. 1 (2003) : pp. 4-35 ; Institut de recherche archéologique du Hunan, « Interprétation sélective des bâtiments Qin de Liye », dans *Pièces historiques chinoises*, no. 1 (2003) : pp. 8-25 ;

Étude comparative des civilisations chinoise et occidentale

pour défricher les terres. Mais dans les montagnes et les vallées, les champs étaient insuffisants. Les impôts annuels de ce district n'équivalaient qu'à la ration de 6,5 familles. D'un point de vue économique, cela ne valait pas d'avoir autant de fonctionnaires pour une telle superficie.

Cependant, ce qui comptait pour les fonctionnaires des Qin, ce n'était pas les impôts. Un bulletin de bambou découvert par les archéologues mentionne une plante à faible rendement, « Zhigou » (communément appelée « jujube courbé »), trouvée dans les montagnes ; les fonctionnaires ont soigneusement décrit ses propriétés, son emplacement et sa production et ont consigné tout cela dans les archives officielles (« Un mu à Xiaguang, un demi-mu à Geguang, la hauteur est de deux pieds. Les champs sont à sept lis du canton. Il n'y a pas de fruits depuis quatre ans. ») Cela reflète un sens de la mission ne ménageant aucun effort dans l'identification des propriétés des montagnes et des rivières. Les fonctionnaires des Qin ont progressivement exploité les terres, ont enregistré l'état civil du peuple, dessiné les cartes et transmettaient cela à la préfecture. Cette dernière a combiné ensuite les cartes des districts subordonnés en une « carte globale », et l'ont remise à la cour impériale pour être archivée et conservée. En plus de promouvoir la production, les fonctionnaires des Qin s'occupaient également d'affaires civiles et judiciaires compliquées. Les lois des Qin étaient complètes, avec non seulement des dispositions légales, mais aussi des jurisprudences et un système d'appel. Les fonctionnaires devaient travailler en stricte conformité avec la loi. Par exemple, chaque document devait être copié et envoyé à plusieurs départements pour être conservé et contrôlé ; une peine lourde pour une affaire insignifiante ou une peine légère pour une affaire grave était jugée comme une « injustice » ; en cas de contradictions des articles, il fallait les soumettre à l'arbitrage. Il y a deux mille ans, l'administration de base était déjà si raffinée. C'était très rare dans le monde entier.

Institut de recherche archéologique du Hunan, *Rapport de la découverte de Liye* (Changsha : Yuelu Publishing House, 2007), pp. 179-217.

Les dynasties Qin et Han et Rome

Parc du site archéologique de l'ancienne ville de Liye, à l'ouest de la province du Hunan

Les fonctionnaires des districts et des cantons étaient régulièrement remplacés. Le registre des victimes sur les bulletins de Liye fait état de nombreux petits fonctionnaires morts de fatigue ou de maladie[2] dans leur travail. Sur les 103 postes, 49 sont restés vacants pendant longtemps. Les Qin ont cruellement exploité leur peuple ainsi que leurs fonctionnaires. Mais ce n'est que grâce à cette sorte de « tyrannie » qu'il a été possible, en 14 ans seulement, d'avoir les mêmes voies ferrées, les mêmes livres et documents, les mêmes montagnes et rivières, et le même réseau routier. Le coût de ces infrastructures, qui ont profité aux dizaines de générations postérieures, a été supporté par la génération des Qin. Le sacrifice tragique du peuple et la douleur de leur âme n'ont même pas pu être guéris par la réalisation de l'unification de la Chine. L'histoire n'évalue pas la dynastie

---

2. « Bulletins Qin de Liye : les anciens noms des fonctionnaires et des objets », no. 8-809 ; no. 8-1610 ; no. 8-938, 8-1144.

Étude comparative des civilisations chinoise et occidentale

avec le seul critère de raison, mais aussi celui d'émotion. Avant la chute de la dynastie des Qin, personne au monde ne les avaient déjà admirés.

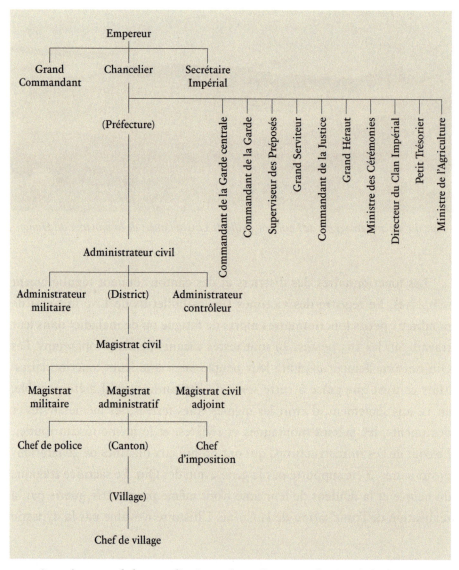

Organigramme de la centralisation et des préfectures et districts de la dynastie des Qin

Les dynasties Qin et Han et Rome

1. *« Même voie pour toutes les voitures » a été une mesure stratégique importante pour l'unification de la dynastie des Qin. La photo montre les chars et les chevaux en bronze dans l'armée de terre cuite de Qin Shi Huang.*
2. *Tableau de texte de la même langue*
3. *Un bulletin en bois – « Édit impérial sur le changement de nom » découvert dans les ruines de l'ancienne ville de Liye, qui rapporte, de manière très détaillée, qu'après l'établissement de la dynastie des Qin, les régimes et objets étaient tous unifiés*

Étude comparative des civilisations chinoise et occidentale

Après que Xiang Yu a eu détruit les Qin, il espérait restaurer le système féodal. Ne voulant pas gouverner un monde aussi grand, il a eu envie de retourner sur sa terre natale en tant que seigneur féodal. Cependant, Liu Bang, qui avait vaincu Xiang Yu, a refusé de revenir en arrière et a plutôt hérité du système des Qin pour l'unification du monde. À la différence de Xiang Yu, qui venait d'une famille noble, Liu Bang a été un petit fonctionnaire – chef de pavillon dans le district de Pei. La plupart des membres de son groupe étaient de même origine administrative – Xiao He était le fonctionnaire en chef et Cao Can chef de la prison. Ils savaient mieux que quiconque la manière dont les couches inférieures et supérieures de l'empire étaient associées, le fonctionnement du système de préfectures et districts, les besoins des gens ordinaires, le mystère du maintien de l'unité globale. Ainsi, lorsqu'ils ont conquis la capitale Xianyang, Xiao He n'a pas voulu d'or ni d'argent, il ne cherchait qu'à s'approprier la collection de lois, de cartes géographiques et de registres civils de la cour des Qin. Plus tard, la dynastie des Han s'est basée sur ces matériaux pour rétablir la centralisation du pouvoir et le système de préfectures et districts.

L'unification du monde dépendait de l'administration de base. C'est la raison pour laquelle les dynasties Qin et Han ont pu construire le premier État moderne du monde.

4.2 Le gouvernement national de Rome

À la même époque que les Qin et les Han, Rome s'est imposée comme l'hégémonie de la Méditerranée.

Les dynasties Qin et Han et Rome étaient deux civilisations anciennes qui ont existé presque simultanément aux extrémités de l'est et de l'ouest du continent eurasien. Leur population et leur taille géographique étaient similaires. À la fin de l'Empire romain la population était d'environ 50

Les dynasties Qin et Han et Rome

à 60 millions d'habitants[3] autour de la mer Méditerranée, ce qui était comparable à celle des dynasties des Qin et des Han (selon les statistiques de la fin de la dynastie des Han occidentaux)[4].

Beaucoup de gens trouvent que la Chine est une civilisation agricole « jaune » et que la Grèce et Rome une civilisation commerciale « bleue ». Il semble qu'il y avait des inégalités entre elles dès leur origine. À partir des années 1960, les historiens sur l'histoire ancienne occidentale consentent à ce que de 500 avant J.-C. à 1 000 après J.-C., la Grèce et Rome étaient des sociétés agricoles, le commerce n'étant qu'un petit supplément. « La terre était la richesse la plus importante, la famille occupait la première place dans la structure sociale, et presque tout le monde avait pour but l'autosuffisance économique. La plupart des richesses provenaient des

Théâtre d'Épidaure dans le sud-est du Péloponnèse

---

3. A. H. M. Jones, *The Later Roman Empire* (Oxford : Blackwell, 1964), pp. 284-602.

4. *Han shu · Géographie*, annoté par Yan Shigu (Beijing : Zhong Hua Book Company, 1999), p. 1309.

Étude comparative des civilisations chinoise et occidentale

loyers fonciers et des impôts. Le commerce était peu développé, et même si les commerçants faisaient fortune dans les affaires, ils investissaient leur argent dans la terre. La population urbaine réelle ne dépassait jamais 5 % de la population totale, et la ville existait comme un centre de consommation plutôt qu'un centre de production[5]. » La situation est similaire à celle des dynasties Qin et Han.

La Grèce est connue pour ses philosophes, alors que Rome a nourri d'excellents paysans et guerriers. Les soldats romains se battaient sur tout le territoire méditerranéen, dans le seul but de gagner un champ pour planter des oliviers et des vignes dès leur rentrée. Tout comme les soldats des dynasties Qin et Han, ils s'engageaient dans les combats pour pouvoir « se désarmer et retourner aux champs » après leur victoire.

Les citoyens romains méprisaient le commerce et étaient convaincus que seuls les peuples conquis s'intéressaient aux affaires et à la finance. À l'âge d'or de la République romaine, les marchands n'avaient pas le droit d'entrer au Sénat. La richesse obtenue par les nobles dans les guerres étaient destinées à l'achat des terres pour construire de grands domaines. L'agriculture n'était pas un moyen méprisable de gagner sa vie, mais faisait partie du chant de la vie pastorale. C'était le même cas sous les dynasties Qin et Han. L'agriculture se plaçait au premier rang, et le commerce au dernier rang. Les commerçants entraient rarement dans la fonction publique. Et quel que soit le statut officiel des lettrés, ils avaient pour vocation de « cultiver la terre, lire des livres et les transmettre aux générations futures de la famille ».

Les Romains n'étaient pas capables de créer une religion et une science sophistiquées, mais étaient excellents en ingénierie, guerres et gouvernance de l'État. L'héritage grec est composé de temples, arénas et théâtres, tandis que ce qui reste de Rome, ce sont des arcs de triomphe, des amphithéâtres et des thermes. Il en est de même pour les dynasties Qin et Han. Elles ont

---

5. Moses Finley, *Politics in the Ancient World*, traduit par Yan Shaoxiang et Huang Yang (Beijing : Commercial Press, 2016), p. VII.

Les dynasties Qin et Han et Rome

mis l'accent sur la réalité, le fonctionnement du pays, la construction de la Grande Muraille, l'invention de la poudre à canon, mais n'étaient pas douées pour la logique et la science.

La Grèce contient le gène spirituel de la civilisation occidentale, alors que Rome est son gène politique. Dépassant la politique grecque des cités-États, Rome a établi un système bureaucratique constitutionnel et un système de droit privé qui ont façonné la société civile occidentale primitive. Qu'il s'agisse de la république ou de la monarchie, Rome a constitué la source politique des grandes entités politiques occidentales, sur le plan de l'idéologie, du régime et de la loi. Dans le schéma de l'« Oceana »

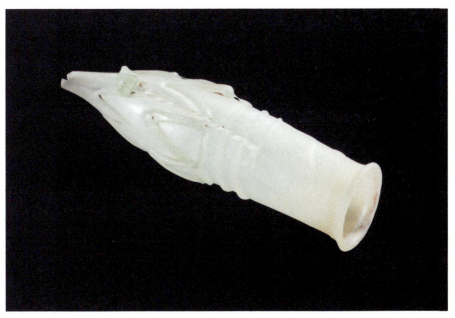

Depuis l'âge du bronze ou 2 000 avant J.-C., les ustensiles à boire en forme de cône existaient déjà dans la région égéenne. Ils étaient utilisés pour boire du vin à l'époque parthe dans l'ancienne Perse. Introduits en Chine, ils étaient nommés « Gong ». Comme ils ne pouvaient pas être placés verticalement sur la table, l'alcool devait être bu d'un coup. Ils sont devenus alors un dispositif spécial de punition, cette pratique est restée populaire jusqu'à la dynastie des Han de l'Est. La photo montre un verre de la collection de « gong » en verre de la dynastie des Han à celle des Jin conservé au musée de Hotan.

Étude comparative des civilisations chinoise et occidentale

pendant la Révolution britannique, nous pouvons remarquer des traces de la République romaine ; le révolutionnaire français Robespierre pendant la Révolution française nous rappelle les héros de la République romaine ; le Sénat américain et le système présidentiel pouvaient remonter au Sénat et au premier consul de Rome. Jusqu'au XXᵉ siècle, les universitaires américains de droite débattaient encore de cette question : les principes de la fondation du pays devaient-ils suivre la république classique de style romain ou les droits naturels démocratiques du siècle des Lumières ? Dans la civilisation politique occidentale, le fantôme de Rome n'a jamais disparu.

CHAPITRE 5

LA RÉPUBLIQUE ROMAINE

5.1 La terre et les guerres civiles

En 206 avant J.-C., en même temps que la guerre entre Chu et Han en Chine, Rome menait la deuxième guerre punique contre le général carthaginois Hannibal. Plus tard, il a fallu plus de 50 ans à Rome pour parvenir à détruire Carthage, à décomposer la Macédoine et à exercer l'hégémonie autour de la Méditerranée. L'important est que dans ce processus, Rome a toujours maintenu un système républicain.

L'historien Polybe estime que le succès de Rome était dû à la mise en place d'un « système politique mixte » qui associait la royauté, l'aristocratie et la démocratie. Les consuls représentaient la royauté, le Sénat symbolisait la noblesse et l'Ecclésia était porte-parole de la démocratie. Les consuls détenaient le pouvoir militaire face aux ennemis extérieurs, le Sénat contrôlait la finance, alors que l'Ecclésia possédait le droit de veto – ces trois pouvoirs s'équilibraient. Les Romains croyaient que les conflits d'intérêts étaient un « mal nécessaire[1] » pour assurer la liberté et

---

1. Machiavel pense que « la discorde entre la plèbe et le Sénat romain a contribué à la liberté et à la force de la République ». Machiavel, *Discours sur la première décennie de Tite-Live*, traduit par Feng Keli (Shanghai : Shanghai People's Publishing House, 2005), p. 56.

Étude comparative des civilisations chinoise et occidentale

la force, et que les « conflits » conduiraient finalement à « l'union ». Les premiers conflits à Rome étaient en effet modérés et gérables. Par exemple, la façon dont les soldats civils romains manifestaient leur contestation contre le Sénat consistait à faire entendre leur demande par une « grève générale » avant la guerre, et le Sénat était également disposé à faire des compromis et à renoncer à certains de ses droits en raison des avantages plus importants de la victoire et de l'expansion coloniale. Pendant près de 200 ans, la république romaine, quelles que soient les querelles entre les consuls, les nobles et les roturiers, est toujours restée unie face aux agressions étrangères.

Ce n'est qu'au Ier siècle avant J.-C. que les Romains se sont soudain aperçus que les compromis n'étaient pas faciles à réaliser. De 88 avant J.-C. à 31 avant J.-C., Rome est entrée dans une « période de guerre civile ».

Marius et Sylla se sont battus pendant 6 ans ; Pompée, César et Crassus se sont affrontés pendant 16 ans ; les combats entre Antoine, Lépide et Octave ont duré 13 ans. En 27 avant J.-C. (sous le règne de l'empereur Cheng des Han de l'Ouest en Chine), Rome s'est finalement transformée en

« Gladiateur avant le combat » du peintre russe Andreï Kartashev

Les dynasties Qin et Han et Rome

Statue d'un soldat sous le règne de Trajan exposée dans l'« Exposition sur les civilisations Qin et Han – Rome », créée par le sculpteur C. Grossi

monarchie. Pourquoi les soldats qui, au cours des 150 années précédentes, ne s'étaient jamais livrés à des guerres civiles, ont-ils tourné leurs épées les uns contre les autres et se sont battus jusqu'à la mort ? Cela est dû à la terre.

Après un siècle et demi de conquêtes à l'étranger, les dignitaires romains ont ramené un grand nombre d'esclaves et de trésors, engendrant une « agriculture esclavagiste de grands domaines ». L'efficacité et la technologie des « grands domaines » dépassent de loin celles des petits agriculteurs, qui ont fait faillite et ont vendu leurs terres aux riches et puissants, aggravant ainsi l'annexion des terres. Les roturiers romains sont devenus les pauvres et sont finalement devenus les exilés romains. La meilleure issue pour les réfugiés de s'en sortir était de s'enrôler. Les soldats romains ne se battaient que pour les généraux qui étaient de nature à rapporter le plus de butins. Qui était alors l'ennemi ? Ils s'en moquaient. Les soldats citoyens qui combattaient pour leur patrie devenaient ainsi des mercenaires réservés aux généraux.

Le régime politique romain n'était pas capable de réglementer l'annexion des terres. Il y avait une loi exigeant que les terres conquises soient équitablement réparties entre les nobles et les roturiers, et plafonnait la quantité de terres détenues par les nobles, mais cette loi n'a jamais été appliquée[2]. Quiconque aurait tenté de faire respecter cette loi, même les nobles, aurait été tué, comme les « Gracques ».

Parmi les trois pouvoirs – la royauté, la noblesse et les roturiers, le plus puissant était certainement la noblesse. Pendant les 100 ans de 232 avant J.-C. à 133 avant J.-C., les 200 consuls de la République romaine étaient issus de 58 familles nobles[3]. Ce type d'aristocratie héréditaire capable de « faire un roi » était nommé « menfa » (famille riche et influente) en Chine.

---

2. Machiavel, *Discours sur la première décennie de Tite-Live*, traduit par Feng Keli (Shanghai : Shanghai People's Publishing House, 2005), p. 142.

3. Moses Finley, *Politics in the Ancient World*, traduit par Yan Shaoxiang et Huang Yang (Beijing : Commercial Press, 2016), p. 83.

Les dynasties Qin et Han et Rome

Le système électoral n'a pas affaibli ces familles, tout au contraire, il les a renforcées, parce que les élections nécessitaient une mobilisation des voix. Ces familles hébergeaient une multitude d'habitants, possédaient suffisamment de moyens financiers pour acheter des voix, et avaient donc les meilleures chances d'être élues consuls.

Selon Machiavel, les nobles romains acceptaient de céder leur honneur aux roturiers, mais refusaient tout compromis et luttaient même jusqu'au bout en matière de propriété.[4] Les Romains, qui ne craignaient rien, avaient pourtant très peur de la répartition interne des terres. De toute façon, il fallait se battre, il valait mieux aller coloniser les pays étrangers. Selon l'historien Finley, « dans la mesure du possible, les Romains préféraient coloniser des territoires plutôt que de redistribuer les terres. La colonisation était la meilleure soupape de sécurité contre la guerre civile et la clé de la tranquillité et de la stabilité politiques[5]. » Pour cette raison, les exilés romains sont finalement allés chercher la protection des chefs de guerre. Seuls ceux-ci pouvaient obtenir des terres dans les guerres menées contre les étrangers, et forcer le Sénat à allouer des terres aux soldats.

Là où les politiciens ne parvenaient pas au consensus, les chefs de guerre jouaient leur rôle.

5.2 Au nom de la liberté

Entre le premier triumvirat (Crassus, Pompée et César) et le second triumvirat (Antoine, Octave et Lépide), un philosophe et aussi orateur laissait toujours sa trace, c'est Cicéron, père de la république classique, icône spirituelle de Voltaire et de Montesquieu.

---

4. Machiavel, *Discours sur la première décennie de Tite-Live*, traduit par Feng Keli (Shanghai : Shanghai People's Publishing House, 2005), p. 143.

5. Moses Finley, *Politics in the Ancient World*, traduit par Yan Shaoxiang et Huang Yang (Beijing : Commercial Press, 2016), p. 140.

Étude comparative des civilisations chinoise et occidentale

La tête en marbre d'Auguste, premier empereur de l'Empire romain, présentée dans l'exposition « Cent objets pour voir le monde – Collection du British Museum »

Cicéron n'était pas un noble, mais un « chevalier ». Les soi-disant chevaliers trouvent leur origine dans la coutume gréco-romaine selon laquelle « ceux ayant des biens devenaient chevaliers ». Les chevaliers existaient depuis l'Antiquité, mais cette classe aisée avait fait fortune sur les ruines de la faillite des petits propriétaires romains. Bien que riches, ils avaient rarement les qualifications politiques des nobles.

Cicéron était une exception – c'était un génie de l'éloquence. Il a étudié auprès d'un maître grec de l'éloquence. Une fois ses cours terminés, le maître dit tristement : « Je regrette pour la Grèce, car la seule gloire grecque revient à Rome. » Après avoir achevé ses études, Cicéron est devenu avocat grâce à son éloquence. Il a consacré 20 ans à l'obtention de riches ressources humaines, a remporté l'élection en tant que chef de file des juristes et est devenu consul (en 63 avant J.-C.)[6]. Il a été appelé pendant un certain temps « Père de Rome ».

Cicéron exerçait une influence considérable sur la politique romaine. Les sorts du « premier triumvirat » et du « second triumvirat » étaient liés à lui. Certains sont morts ou ont subi des défaites à cause de lui, d'autres ont inscrit leur nom dans l'histoire grâce à lui.

Cicéron est responsable de la mort de César.

Bien que l'assassin de César, Brutus, soit son « beau-fils », son père spirituel était Cicéron. Dans les mois qui ont précédé le meurtre, Cicéron

---

6. Cicéron, *De Republica*, traduit par Wang Huansheng (Shanghai : Shanghai People's Publishing House, 2005), p. 3.

n'a cessé d'inculquer au jeune homme que l'assassinat d'un tyran ferait de lui un véritable héros ; plus le lien de sang était proche, plus il était héroïque. Cela équivalait au « châtiment des siens quand le devoir le commande » en Chine. Finalement, Brutus s'est jeté sur César avec un couteau en criant le nom de « Cicéron ». À ce moment-là, tous les membres du Sénat étaient présents, sauf Cicéron.

Après la mort de César, Cicéron a commencé à affronter de toutes ses forces son héritier Antoine. De nombreux historiens romains estiment que cette guerre civile était totalement inutile, parce qu'Antoine, ne voulant

Sculpture d'Antonin le Pieux, qui fait partie des souverains connus sous le nom des « cinq bons empereurs » de l'Empire romain

pas emprunter l'ancienne voie de la dictature, cherchait à gouverner Rome conjointement avec le Sénat. Non seulement il a réprimé l'indignation des armées pour « venger » César, mais il a également annoncé que les républicains n'avaient pas à prendre la responsabilité de l'assassinat. Du point de vue de l'éthique et de la morale, il s'agit d'une trahison de César ; au niveau national, cela traduit l'obéissance active d'un chef militaire à l'ordre républicain. Par contre, en tant que chef des républicains, Cicéron a refusé d'approuver son action, et a demandé à ses partisans d'aller recruter des troupes dans la province de l'est tout en encourageant Octave à se rebeller.

Âgé de 19 ans à l'époque, Octave n'était qu'une personnalité politiquement marginale. Il était l'héritier de la propriété de César, mais pas son héritier politique. Voulant remplacer Antoine, il a utilisé sa richesse personnelle pour rassembler 3 000 vétérans et lancer l'attaque contre Rome. L'armée privée d'Octave était une trahison par rapport au régime

Étude comparative des civilisations chinoise et occidentale

légitime d'Antoine. Octave espérait que Cicéron pourrait amener le Sénat à légaliser la « rébellion ». Cicéron l'a accepté volontiers. Il a publié une série de célèbres discours – « Philippiques » au Sénat, caractérisant Antoine comme « initiateur de la guerre civile » et Octave comme « défenseur de la République ».

Ainsi, la petite armée d'Octave, en coopérant avec la grande armée du Sénat, a remporté la victoire contre Antoine dans la bataille de Mutina. Mais après tout, l'esprit héroïque ne pouvait pas être caché. Le Sénat a été surpris de constater que des dizaines de milliers de soldats préféraient le commandement d'Octave. Effrayés, les sénateurs ont privé immédiatement Octave de son pouvoir militaire. Si la carrière politique d'Octave s'était arrêtée ici, et il n'y aurait pas eu Auguste.

Isolé et sans appui, Octave considérait Cicéron comme son « père » et l'a supplié de l'accompagner pour se présenter dans les élections du consul. Il lui a juré qu'après avoir été élu, Cicéron serait le seul à avoir le dernier mot et que lui-même resterait à son service. Cicéron, 63 ans, a observé longuement Octave, jeune et manquant d'expérience, et a accepté. Pour Octave, cela était semblable à une renaissance, puisque l'âge du consul devait être de plus de 40 ans. Sinon, il aurait dû attendre au moins 21 ans de plus.

Malgré les vagues d'opposition, Cicéron, avec ses qualifications et ses relations humaines incomparables, est parvenu à persuader le Sénat et à collecter un grand nombre de voix. Il a garanti Octave par sa personnalité : « Je jure, je garantis, je vous assure que le 'Petit César'[7] gardera toujours le vrai caractère de 'citoyen' tel qu'il est aujourd'hui. »

La suite de l'histoire est connue de tous.

Élu consul, Octave a immédiatement trahi Cicéron, a négocié avec Antoine et divisé l'Empire romain sous forme de la ligue du « second triumvirat ». Antoine, haïssant Cicéron du plus profond de son cœur, a

---

7. Octave est le fils adopté de César, héritant du nom de famille de son père adoptif, il était donc aussi appelé « Petit César ». – Note de l'éditeur

Les dynasties Qin et Han et Rome

exigé de le tuer comme condition à leur alliance. Octave a accepté sans la moindre hésitation.

Plutarque a rapporté les derniers moments de la vie de l'orateur – il courait à l'aveuglette, guettant constamment les poursuivants. Les soldats d'Antoine lui ont coupé la tête avec des épées et l'ont suspendue à la tribune où il avait souvent prononcé des discours[8]. C'est sur cette haute estrade que Cicéron n'a cessé de crier : « Que l'épée obéisse à la robe, que les lauriers des batailles cèdent la place à l'éloquence. »

C'est la tragédie la plus choquante de l'histoire romaine, une élégie annonçant le remplacement de la république par la monarchie. Douze ans après la mort de Cicéron, Octave a vaincu Antoine à la bataille d'Actium et est devenu le premier empereur de l'Empire romain.

Pourquoi un vieil homme politique ayant dominé le monde romain pendant des années a-t-il été dupé par un jeune de 19 ans ? La réponse clé réside dans la manière typique du fonctionnement du Sénat. Cicéron ne cherchait pas à résoudre les problèmes et jouait uniquement avec le pouvoir. Antoine étant trop puissant, Cicéron soutenait Octave qui était plus faible pour concurrencer Antoine, puis, il a exercé un contrôle sur Octave. Il a équilibré, contrôlé, et répété ce processus pour tenter de garder continuellement sa domination. Il a ignoré le fait que le peuple et les guerriers romains s'ennuyaient déjà face à des ruses politiques des orateurs et plaçaient leur espoir de justice sur les chefs militaires.

Cicéron n'était pas capable de résoudre les préoccupations fondamentales du peuple romain, y compris l'écart entre les riches et les pauvres, la non-obtention des terres des soldats après avoir combattu pour le pays, la fortune injuste accumulée avec la connivence entre les gouverneurs de province corrompus et les collecteurs d'impôts faute de surveillance, le manque de gestion policière des affaires municipales dans la cité de Rome depuis des centaines d'années ... Il s'agit de problèmes

---

8. Plutarque, *Vies parallèles (Partie 2)*, traduit par Xi Daiyue (Changchun : Jilin Publishing Group, 2009), p. 1581.

Étude comparative des civilisations chinoise et occidentale

que le Sénat a eu à résoudre pendant des siècles sans jamais penser à une solution. Les ouvrages existants de Cicéron ne portent que sur les grands principes de la République, du droit et de la justice, et ne contiennent pas une seule page qui n'aborde ces problèmes pratiques. C'est Octave qui a essayé de le faire. Il a mis en place un trésor militaire pour se concentrer sur le paiement des terres et de l'argent liquide de tous les soldats à leur libération de l'armée, débarrassant ces derniers de multiples dépendances ; il a créé le premier système de police et d'échevins à Rome ; il a envoyé pour la première fois les agents financiers aux provinces qui sont directement responsables envers l'empereur.

César avait également conçu un grand plan pour aménager le territoire. Il voulait assécher le marais Pomptin près de Rome pour fournir des terres à cultiver à des dizaines de milliers de paysans romains pauvres ; il a envisagé aussi de creuser le canal de Corinthe pour associer davantage le commerce asiatique à l'économie italienne. Cela était important pour le contrôle des provinces de l'est par Rome. Si cela se réalisait, la future division de Rome entre l'Est et l'Ouest aurait été retardée. Mais Cicéron ne s'est pas arrêté de critiquer ces projets, prônant qu'ils étaient insignifiants par rapport à la protection de la « liberté », qu'ils représentaient la « vanité » du despote et un signe clair pour forcer le peuple à « saigner et transpirer et à devenir esclave[9] ». C'est aussi la manière dont les érudits occidentaux critiquaient la Chine antique : les travaux publics géants nourrissaient l'autoritarisme. Cependant, des exemples contredisent cette opinion. Le Grand Canal Pékin-Hangzhou lie le nord et le sud de la Chine et empêche la zone au sud du fleuve Yangtsé d'être isolée ; la Grande Muraille construite au-dessus de l'isohyète 400 mm protège l'agriculture irriguée du nord et alimente plus de familles pauvres.

Les orateurs n'étaient pas les seuls à abuser de la « liberté », les chefs militaires le faisaient aussi. Aux yeux de ceux-ci, la « liberté » signifiait

---

9. Elizabeth Rawson, *Cicero : A Portrait*, traduit principalement par Wang Naixin (Beijing : Commercial Press, 2015), p. 262.

Les dynasties Qin et Han et Rome

Centre d'échange d'eau de Huai'an du canal d'entrée dans la mer du fleuve Huai à Huai'an, dans la province du Jiangsu, réalisant l'écoulement indépendant du canal d'entrée et du Grand Canal Beijing-Hangzhou.

l'annulation de toute contrainte politique. On voit souvent dans les livres d'histoire romains, que lorsqu'une faction prenait le contrôle du Sénat, l'opposition déclarait alors que « la liberté était opprimée » et se rebellait fort de leur droit. Pompée préconisait que la faction de Marius maîtrisant le Sénat exerce une tyrannie et qu'il allait défendre la liberté ; il a alors recruté une armée privée, même si le recrutement privé de soldats civiques était illégal. César prétendait que Pompée portait atteinte à la liberté du peuple romain, il a donc franchi le Rubicon avec une légion gauloise, alors que la légion appartenait en fait à l'État. Octave s'est insurgé lui-même, mais a déclaré libérer Rome d'Antoine, et après son succès, il s'est nommé « Défenseur de la liberté du peuple romain » dans l'inscription des pièces de monnaie.

Étude comparative des civilisations chinoise et occidentale

Ruines du Colisée

Dans l'histoire romaine, les politiciens, à travers des slogans tels que « Recréer la république » ou « Reconstruire la liberté », conféraient une légitimité et un caractère sacré à toute conspiration violente[10], déclare l'historien Syme. Chacun pouvait décider de ce qui définissait la « liberté » et la « légalité » selon ses propres intérêts, et choisir la raison la plus favorable pour frapper ses adversaires. La liberté est devenue une excuse pour la lutte sans fin de différents groupes d'intérêts.

Pourquoi Rome qui possédait l'immense richesse du monde méditerranéen, n'a-t-elle pas pu en tirer une partie pour compléter l'écart entre

---

10. Ronald Syme, *The Roman Revolution*, traduit par Lü Houliang (Beijing : Commercial Press, 2016), p. 212.

Les dynasties Qin et Han et Rome

les riches et les pauvres, afin d'éviter la désunion du pays ? Les historiens l'attribuent à la vie extravagante des nobles romains qui organisaient des banquets quotidiens. Ce n'est qu'une des raisons. Les paysans en faillite vagabondaient à Rome, mais ils détenaient le droit de vote après tout. Les élections des consuls se tenaient une fois par an et les nobles rivalisaient pour parrainer de grandes fêtes, des combats et des banquets en vue de remporter la victoire électorale. Il était toujours plus facile d'organiser des fêtes que de distribuer des terres.

Malgré leur richesse, la campagne électorale année après année coûtait aux nobles trop d'argent. Beaucoup d'entre eux faisaient ainsi banqueroute, comme César qui était aussi endetté. Par conséquent, les souscripteurs d'impôts, les ingénieurs, les commerçants ainsi que les usuriers de différentes provinces commençaient à apparaître. Bien qu'ils ne puissent pas monter directement sur la scène politique, ils étaient en mesure d'investir pour ceux qui jouaient le rôle de porte-parole.

Cicéron prônait toujours que « les nobles et les ploutocrates se partagent le monde » (harmonie hiérarchique). Ses essais regorgeaient de défenses judiciaires pour les ploutocrates, qui pariaient souvent des deux côtés, sur les sénateurs et sur les chefs militaires. Il n'y a pas eu un seul contrat secret entre les chefs militaires qui ne soit conclu avec la négociation des ploutocrates. Parmi les sponsors du premier et second triumvirat, on compte de nombreux souscripteurs d'impôts et de financiers. Lorsque les chefs militaires prenaient le contrôle de la situation politique, ils étaient engagés dans le Sénat pour devenir de « nouveaux nobles ». Au début, le nombre de sénateurs était limité à 600 membres. Après l'arrivée au pouvoir de César, le nombre s'est élevé à 900 ; le second triumvirat a élargi le Sénat jusqu'à 1 000 personnes[11].

L'argent des ploutocrates continuait à affluer vers les armées romaines, aggravant la situation et transformant les conflits des partis en guerre

---

11. Ronald Syme, *The Roman Revolution*, traduit par Lü Houliang (Beijing : Commercial Press, 2016), p. 257.

Étude comparative des civilisations chinoise et occidentale

civile. Les chefs militaires se sont mis à retenir directement les impôts des provinces pour payer les soldats. La faction Pompée et la faction républicaine ont pressuré les Asiatiques ; celle de César ont extorqué la Gaule et l'Espagne ; le second triumvirat, dans le but d'entretenir le fonctionnement des 43 légions, ont ratissé les biens de tous les Italiens, même les toilettes étaient taxées.

Quatre grandes guerres civiles se sont produites en 50 ans, plongeant toute la Méditerranée dans l'anarchie[12]. La richesse consommée par la guerre était bien supérieure au montant nécessaire pour combler l'écart entre les riches et les pauvres. Dans le chaos et le désespoir, le peuple romain a finalement choisi Octave[13]. 500 ans plus tôt, Rome avait créé une république précisément à cause de sa haine envers la royauté. 500 ans plus tard, les citoyens romains votaient progressivement pour la dictature[14]. En 49 avant J.-C., le peuple a élu César comme « dictateur » ; en 43 avant J.-C., le peuple a voté pour le second triumvirat[15] ; en 27 avant J.-C., pour Octave qui a transformé la république en monarchie[16].

Ce n'est pas qu'ils n'aimaient pas la liberté, mais la liberté ne leur avait pas apporté l'égalité, l'aisance et la sécurité. Les discours creux sur la

---

12. Ronald Syme, *The Roman Revolution*, traduit par Lü Houliang (Beijing : Commercial Press, 2016), p. 19.

13. Tacite, *Les Annales*, traduit par Wang Yizhu et Cui Miaoyin (Beijing : Commercial Press, 1981), p. 3.

14. César assume ce poste pour la première fois après son retour d'Espagne en 49 avant J.-C. Theodor Mommsen, *Roemische Geschichte (Volume IV)*, traduit par Li Jianian (Beijing : Commercial Press, 2017), p. 447.

15. En 43 avant J.-C., Antoine, Octave et Lépide se rencontrent près de Bologna et parviennent à un accord, connu dans l'histoire comme la ligue du second triumvirat. En novembre de la même année, l'Ecclésia adopte une loi habilitant la ligue à publier des décrets et à nommer des hauts fonctionnaires pour diriger le pays pendant cinq ans.

16. « C'est cet Octave – mieux connu pour avoir accepté le titre d' 'Auguste' en 27 avant J.-C. – que l'on considère souvent comme le premier empereur romain ». H.F. Jolowicz et Barry Nicholas, *Historical introduction to the study of roman law*, traduit par Xue Jun (Beijing : Commercial Press, 2013), p. 4.

Les dynasties Qin et Han et Rome

liberté ne répondaient pas aux préoccupations fondamentales du peuple. Le régime républicain avait pour objectif de parvenir au consensus sans recourir à la violence, mais cela ne fonctionnait que pour les « conflits moyens » au début. Lorsque l'écart entre les riches et les pauvres s'est élargi au point qu'aucun mécanisme d'ajustement structurel pouvait être mis en place, les conflits moyens se sont métamorphosés alors en désintégration fatale. Ce qui pouvait y remédier, ce n'est pas le confort émotionnel, ni la politique électorale, mais l'esprit de sacrifice des politiciens disposés à mener des réformes structurelles.

Ce qui défend la liberté, ce n'est jamais la « liberté » elle-même.

CHAPITRE 6

LA DYNASTIE DES HAN OCCIDENTAUX

6.1 La grande unification : l'unité dans la diversité

La dynastie des Han occidentaux en Chine se situe dans la même période que la République romaine.

Au début, la dynastie des Han occidentaux a hérité du système des Qin en le modifiant : elle a gardé le système d'administration de base de districts et cantons, mais a laissé de l'espace à l'autonomie du clan et de la noblesse villageoise ; elle a adopté la plupart des dispositions de la loi des Qin, mais a supprimé les châtiments corporels ; elle a maintenu le cadre de la centralisation, mais a mis en avant la « gouvernance sans intervenir » afin de ménager les efforts du peuple et de promouvoir la prospérité du pays.

En seulement 40 ans de « règne de Wen et de Jing », la dynastie Han est passée d'une période où l'empereur ne pouvait pas trouver quatre chevaux de la même couleur à l'abondance de nourriture − « La richesse de la capitale dépassait des dizaines de milliers de liangs, la monnaie s'était même rouillée. Les céréales du stock Taicang débordaient au point

Étude comparative des civilisations chinoise et occidentale

qu'elles dégénéraient et devenaient immangeables. » Pourquoi le pays s'est-il soudainement enrichi ? Les érudits confucéens l'ont expliqué : « On gouverne le monde avec frugalité », sous-entendant que l'empereur enrichit le peuple en économisant de l'argent. Sima Qian, lui, avait une vision plus perçante : « Le monde s'unit, les villes s'ouvrent, les transports dans les montagnes et les rivières sont facilités, de sorte que les riches commerçants peuvent échanger leurs biens partout et obtenir ce qu'ils veulent. » Sur le vaste territoire où la division des seigneurs avait disparu, a été créé un marché immense à travers la standardisation de la langue, de la monnaie, de la loi et des poids et mesures. Le commerce a relié les grandes régions économiques. La valeur de transaction générée par la division du travail a augmenté la richesse globale de la société, ce qui a favorisé, en contrepartie, l'augmentation rapide de la productivité agricole. La dynastie Qin a jeté les bases de cette unification, qui ne s'est reflétée que dans le monde politique, alors que la dynastie Han en a profité pour développer l'économie.

« Le règne de Wen et de Jing » empruntait la voie de Huanglao pour manœuvrer « l'art du légisme »[1]. Les taoïstes sont aptes à connecter toutes les parties qui sont incompatibles les unes avec les autres. Que ce soit le confucianisme, le légisme ou le moïsme, celui qui correspond au temps est respecté, celui qui se démode se retire. Ce genre de tolérance vis-à-vis du conflit « réputation-réalité » reflète la sagesse de la civilisation chinoise qui sait bien se restructurer. Cependant, le taoïsme résout certains problèmes, mais crée des contradictions. Les marchands géants et les grands hommes d'affaires se sont multipliés, mais un grand nombre de petits agriculteurs ont été ruinés[2] ; il y avait des gens chevaleresques qui aidaient les pauvres,

---

1. Meng Wentong, *Études sélectives et minutieuses de la littérature antique* (Chengdu : Bashu Press, 1987), p. 284.

2. « Il n'a pas plu pendant longtemps, le peuple en souffre beaucoup ; au cours des années néfastes, les gens vendent leur poste officiel et même leurs fils. » Jia Yi, *Recueil de Jia Yi* (Shanghai : Shanghai People's Publishing House, 1976), p. 201. « Il y a donc des gens qui

Han Wudi, de son nom personnel Liu Che, est l'un des empereurs avec la plus longue période de règne, le plus de réalisations, les exploits les plus prolifiques, et la richesse historique et culturelle la plus marquante de toute l'histoire féodale de la Chine. C'est Sous son règne que la fameuse « Route de la soie » a été ouverte, il a propulsé le pays vers une ère prospère et établi véritablement une Chine puissante avec une unité multiethnique et un vaste territoire. La photo montre le mausolée de Wudi.

mais également des « oppresseurs locaux »[3] qui compromettaient les cantons ; les princes et seigneurs ont inspiré des classiques humanistes tels que « Huainanzi », mais ont également provoqué la « révolte de sept rois de Wu et Chu »[4] qui a divisé le territoire.

---

vendent leurs champs et leurs maisons pour payer leurs dettes », *Commentaires sur les écrits de Chao Cuo* (Shanghai : Shanghai People's Publishing House, 1976), p. 31.

3. *Shiji · Pinzhunshu*, annoté par Han Zhaoqi (Beijing : Zhong Hua Book Company, 2010), p. 2352.

4. Dans les premières années de la dynastie des Han occidentaux, seules quinze préfectures étaient directement contrôlées par le gouvernement central, ne représentant qu'un tiers du territoire du pays. Et les grands princes, tels que ceux de Qi, Chu, et Wu, détenaient chacun cinq ou six préfectures et des dizaines de villes. Pendant le règne de

Étude comparative des civilisations chinoise et occidentale

Le système de la dynastie des Han a finalement été façonné par Liu Che, Wudi. Il a accompli deux grandes choses pour la Chine. D'une part, il a « gardé les seigneurs féodaux et diminué leur force », a reconstitué les « préfectures et districts » et, à partir de cela, a fondé la politique confucéenne de « grande unification » ; d'autre part, il a jeté les premières bases du territoire national chinois.

Le fondement principal de la politique confucéenne n'est pas les *Entretiens de Confucius*, mais *les Annales des Printemps et Automnes*. Celles-ci ont été révisées par Confucius selon les livres historiques de Lu. Dans cette œuvre, Confucius critique les princes et célèbre la voie royale. Parmi les nombreuses versions qui dérivent du livre, le Gongyang Zhuan prôné par Dong Zhongshu exerce la plus grande influence.

L'unification se trouve au cœur des idées du *Gongyang Zhuan*. Plus concrètement, il s'agit de l'unité entre le Ciel et l'Homme du point de vue philosophique, de la centralisation du pouvoir sur le plan politique, de la gouvernance du pays par les fonctionnaires au niveau institutionnel, des trois relations cardinales et cinq vertus fondamentales dans le domaine éthique. Ce système a résolu le problème de légitimité de la dynastie des Han qui « a été créée par des roturiers » mais qui « avait le droit d'obtenir le pouvoir du Ciel ». Ce qui est plus précieux, c'est qu'il renforce le pouvoir tout en le contraignant. Le « mandat du Ciel » en Chine est différent du « droit divin des rois » dans les pays occidentaux. La « déification de l'empereur » à Rome visait à prouver le caractère sacré de son règne, mais la « volonté divine » n'avait rien à voir avec la « volonté du peuple ». Dans la Chine ancienne, la volonté du Ciel se manifeste à travers la popularité. Si le fils du Ciel traitait bien son peuple, le « Ciel » le considérait comme son « Fils » ; sinon, le Ciel récupérait son pouvoir et trouvait un autre candidat vertueux et compétent. « Ceux dont les vertus suffisaient à réconforter le peuple acquerraient le pouvoir offert par le

---

l'empereur Jing, les sept royaumes de Wu et Chu se sont rebellé. Pendant le règne de l'empereur Wu, il y a aussi eu les révoltes du roi Huainan et du roi Hengshan.

Les dynasties Qin et Han et Rome

Ciel ; ceux dont les maux nuisaient au peuple étaient privés de pouvoir par le Ciel[5]. » Afin d'assurer le respect du pouvoir impérial envers le Ciel, Dong Zhongshu a ajouté par ailleurs la doctrine de « catastrophes » selon laquelle chaque fois qu'il y avait une catastrophe naturelle, l'empereur devait réfléchir sur lui-même et se demander s'il avait commis des fautes. Par conséquent, le Fils du Ciel, le Mandat du Ciel et la volonté du peuple composaient un système tripartite qui s'équilibraient. Le Fils du Ciel gouvernait le monde, le Mandat du Ciel limitait le pouvoir de l'empereur, la volonté du peuple représentait le Mandat du Ciel. Dans ce triangle, la source ultime du « pouvoir » était la « responsabilité ». Si vous ne faisiez pas votre devoir, vous perdiez la légitimité de votre pouvoir. Si les parents n'endossent pas leur responsabilité, les enfants qui les ignorent ne seront pas considérés comme irrespectueux ; si l'empereur se soustrait à ses obligations, le peuple qui change de dynastie ne passera pas pour être déloyal[6]. « La bonne voie l'emporte sur la mauvaise voie, c'est le principe du Ciel[7]. »

La pensée d'unification englobait non seulement la morale politique, mais aussi la morale sociale et personnelle, par exemple, la bienveillance – « être honnête sans poursuivre des intérêts personnels, comprendre la voie sans considérer ses mérites[8] », la tolérance – « réfléchir sur soi-même sans blâmer les autres[9] », et « le respect entre père et fils, entre frères, entre

---

5. *Rosée luxuriante des Annales des Printemps et Automnes · Yao et Shun n'abdiquent pas en faveur de leur fils, Tang Wu ne tue pas de manière arbitraire*, annoté par Ling Shu (Beijing : Zhong Hua Book Company, 1975), p. 273.

6. *Rosée luxuriante des Annales des Printemps et Automnes · Esprits*, annoté par Ling Shu (Beijing : Zhong Hua Book Company, 1975), p. 98.

7. *Rosée luxuriante des Annales des Printemps et Automnes · Yao et Shun n'abdiquent pas en faveur de leur fils, Tang Wu ne tue pas de manière arbitraire*, annoté par de Ling Shu (Beijing : Zhong Hua Book Company, 1975), p. 274.

8. *Han shu · Bibliographie de Dong Zhongshu*, annoté par Yan Shigu (Beijing : Zhong Hua Book Company, 1999), p. 1918.

9. *Rosée luxuriante des Annales des Printemps et Automnes · Loi sur la bienveillance et la droiture*, annoté par Ling Shu (Beijing : Zhong Hua Book Company, 1975), p. 313.

Étude comparative des civilisations chinoise et occidentale

empereur et courtisans, entre personnes âgées et jeunes gens[10] ». Mais aucune idéologie ne peut excéder la limite, sinon, la doctrine du désastre et de l'anormalité devient une superstition prophétique comme dans la dynastie des Han de l'Est ; les trois relations cardinales et les cinq vertus fondamentales se sont transformées en dogme restreignant la vitalité de la société ; l'excès du respect privait les gens de conscience juridique. Mais sous les dynasties Qin et Han où l'on tâtonnait dans le processus de la construction d'une entité politique gigantesque, il a fallu la construire tout en la critiquant, et la créer tout en la perfectionnant.

Liu Che a accepté le plan de Dong Zhongshu.

La première mesure était de sélectionner des fonctionnaires à l'aune de l'honnêteté et de l'intégrité. Avant, c'étaient les fils des familles aristocratiques qui héritaient du poste, et les familles de marchands avaient le droit d'être « choisies » (ils dépensaient en réalité de l'argent pour acheter ces positions officielles). C'est comme au début de la République de Rome, où le monde politique était composé de « nobles+riches ». Mais à partir de Liu Che, le gouvernement cherchait dans les familles ordinaires et même pauvres ceux qui connaissaient les « affaires du monde » et qui étaient honnêtes et intègres[11]. La responsabilité de la recommandation des talents incombait aux gouverneurs locaux. S'ils ne pouvaient recommander personne, ils étaient punis pour le « crime d'irrespect ». C'était une tâche très difficile. Il fallait 40 jours pour qu'un édit atteigne la frontière, et 7 mois pour communiquer l'annonce aux candidats à travers le système de poste pour qu'ils puissent se rendre dans la capitale et participer à l'examen. Mais le jeu en valait la chandelle. Sous le règne de Liu Che, bon nombre des ministres les plus célèbres sont devenus fonctionnaires en lisant *les Annales des Printemps et Automnes*. À partir de là, les héritiers des

---

10. *Han shu · Bibliographie de Dong Zhongshu*, annoté par Yan Shigu (Beijing : Zhong Hua Book Company, 1999), p. 1913.

11. *Han shu*, annoté par Yan Shigu (Beijing : Zhong Hua Book Company), p. 117.

Les dynasties Qin et Han et Rome

Dès son enfance, Xian Yuhuang a fait preuve d'intelligence et de désir d'apprendre. Il respectait ses parents et ses professeurs et se comportait comme il fallait. La photo montre une belle pièce d'écriture cléricale « Monument de Xian Yujun, préfet de Yanmen de la dynastie des Han » découverte dans les ruines de l'ancienne ville de Wuqinglan à Tianjin.

Étude comparative des civilisations chinoise et occidentale

dignitaires devaient également bien apprendre les œuvres confucéennes pour entrer dans la fonction publique.

C'est ainsi qu'a commencé le système de recommandation dans la politique des fonctionnaires civils. Liu Che a compris que pour gouverner un monde aussi vaste, il ne fallait pas compter uniquement sur les riches et les puissants, mais distribuer le pouvoir à ceux qui étaient les plus intelligents, vertueux, érudits et responsables, afin d'unir le peuple et de consolider le fondement du gouvernement. Sous la dynastie des Qin, les fonctionnaires de base étaient experts en lois, ils préféraient se servir des punitions sévères, et ne savaient pas bien éduquer les gens. Liu Che a engagé en parallèle les érudits confucéens et les responsables juridiques dans l'administration de base, combinant ainsi « la gouvernance et l'éducation ». Dès lors, les gouverneurs locaux n'étaient pas seulement chargés du gouvernement, mais aussi de la construction des écoles. Cependant, il existait des inconvénients pour le système de recommandation. Par exemple, l'écart de l'origine familiale entre les différents enseignants et élèves, la collusion entre les candidats confucéens et les conseillers, et même le phénomène de « quatre grandes familles et trois ducs » sous la dynastie des Han de l'Est. Pour réaliser la véritable justice, il faudra attendre des centaines d'années pour la naissance du système d'examen impérial sous les dynasties des Sui et des Tang. Mais le système de recommandation des Han avait déjà progressé considérablement.

En outre, Liu Che a créé le « système d'inspection » pour contrôler les fonctionnaires. Il s'agissait d'un groupe d'inspecteurs au niveau du district ayant pour mission d'inspecter de manière de temps à autre les « six affaires » des préfectures et districts[12]. Ces affaires portaient principalement

---

12. « Premièrement, il faut accuser les despotes locaux qui ne respectent pas les règles relatives à la terre et à la maison, dépendent de leur force pour malmener les faibles, et de leur grand nombre pour opprimer les gens ordinaires. Deuxièmement, il faut accuser les administrateurs qui n'appliquent pas le décret impérial, n'obéissent pas aux réglementations, profitent de leurs fonctions publiques pour servir leurs propres intérêts, portent atteinte à la vie du peuple, extorquent et accumulent les richesses. Troisièmement,

Les dynasties Qin et Han et Rome

sur les fusions foncières effectuées par les despotes locaux, et sur l'éthique professionnelle des fonctionnaires locaux. C'est ainsi qu'est né le système central de supervision.

C'est un malentendu de dire que Liu Che « a rejeté les cent écoles pour pratiquer le culte exclusif du confucianisme ». Tout en employant Dong Zhongshu, il a aussi confié des tâches au légiste Zhang Tang, au marchand Sang Hongyang, à l'éleveur Bu Shi, et même au prince des Xiongnu, Jin Midi[13]. Ces personnes avaient lu *les Annales des Printemps et Automnes*, certes, mais n'étaient pas tous confucianistes. Dans l'Académie impériale établie par l'État, les enseignants étaient experts en confucianisme, mais dans le secteur privé, les courants légiste, moïste, Xingming et de Yin et Yang prospéraient. Il est à noter une diversité spirituelle et pratique dans le monde politique des Han de l'Ouest. Malgré cela, pourquoi la dynastie des Han considérait-elle toujours le confucianisme comme le fondement de l'unité ? Parce que faute d'unité, la division serait inéluctable dans les luttes entre diverses écoles de pensées. Seule « l'unité » était susceptible de rassembler diverses idées en une seule communauté.

C'est le cas dans le domaine culturel. L'État de Qi n'existait plus, mais le « calendrier lunaire » de Qi est devenu l'« horaire politique » des Han ; l'un des deux systèmes mythologiques de la Chine, « Penglai », est issu de Qi ; l'État de Chu avait disparu depuis longtemps, mais le dieu du pays « Taiyi »

---

il faut accuser les administrateurs qui jugent les affaires judiciaires et tuent les suspects de manière arbitraire, punissent et récompensent les gens selon leur caprice, exercent la tyrannie, nuisent aux gens ordinaires, sont détestés de ces derniers et se plongent dans la superstition. Quatrièmement, il faut accuser les administrateurs qui ne sélectionnent pas les talents de façon juste, recrutent ceux qu'ils aiment et négligent les vrais intellectuels. Cinquièmement, il faut accuser les administrateurs dont les enfants s'appuient sur leur pouvoir pour aider les autres. Sixièmement, il faut accuser les administrateurs qui entrent en collusion avec les despotes locaux, acceptent la corruption et portent préjudice à l'application des décrets. » *Han shu*, annoté par Yan Shigu (Beijing : Zhong Hua Book Company), pp. 623-624.

13. *Han shu*, annoté par Yan Shigu (Beijing : Zhong Hua Book Company, 1999), pp. 1998-1999.

Étude comparative des civilisations chinoise et occidentale

Dans l'ancien village de Nanxi du district de Dongzhi, Anhui, vivent les descendants des Xiongnu, les bâtiments sont principalement de style Anhui, mais les maisons-forteresses sont propres à ce village.

chanté par Qu Yuan était vu comme le dieu suprême des Han, et Fuxi, Nuwa, Shennong, Zhuanxu et Zhu Rong comme les ancêtres communs des Han ; la famille impériale des Han était originaire de Chu, le *Chant du vent* de Liu Bang, la *Chanson du vent de l'automne* de Liu Che portaient le style de Chu, mais ceux qui définissaient la mélodie venaient de Zhao, et le précurseur de Yuefu des Han, Li Yannian, était né à Zhongshan de Zhao. Les archéologues ont découvert des bronzes et des laques de style Chu sur la Grande Muraille au nord ; au sud du fleuve Yangtsé, ils ont déterré des plaques d'animaux de style Xiongnu des steppes[14] ; des miroirs en bronze de la dynastie des Han fouillés au Hebei et au Guangxi sont des modèles originaux de Shu sur lesquelles il y a des inscriptions en langue de

---

14. Huang Zhanyue, « Motifs sur les plaques d'animaux du Nord déterrées au Guangdong et au Guangxi », *Archéologie et pièces historiques*, no. 2 (1996).

Les dynasties Qin et Han et Rome

Shu[15]. La grande unification n'a pas provoqué la disparition des cultures locales. Ces dernières, en franchissant la limite de leur origine, ont été diffusées sur un territoire plus vaste. Tant que l'on reste toujours ouvert, l'unité et la diversité peuvent coexister. Si la culture des Han représente la culture chinoise mieux que la culture Qin, c'est parce que la dynastie Han a finalement intégré des idées, des systèmes, des cultures et des personnes divers et même contradictoires en une unité.

L'esprit Han est ainsi caractérisé par cette unité dans la diversité.

6.2 Le système d'annalistes : la volonté du peuple

Beaucoup de gens accusent souvent la culture chinoise de ne pas nourrir d'intellectuels à l'occidentale « absolument indépendants » du « pouvoir public ». Le seul personnage qui soit un peu proche de ce genre d'intellectuels est Sima Qian. Bien qu'il ait étudié le confucianisme auprès de Dong Zhongshu, il admirait davantage le taoïsme Huanglao, préférait la société commerciale du laissez-faire et louait la « gouvernance sans intervention » des empereurs Wen et Jing. Les assassins, les chevaliers errants et les commerçants bénéficiaient du même statut de « séries de récits » que les princes et généraux dans *M*émoires du Grand Historien. Sima Qian a osé réclamer justice pour Li Ling, victime d'une injustice, et même critiquer l'empereur Wu après avoir été condamné à la castration[16].

Mais au fond, Sima Qian ne ressemblait pas aux savants grecs qui se retiraient du monde et vivaient en ermite. Après la peine de castration de Sima Qian, l'empereur Wu, l'a tout de même nommé Zhongshuling, ce qui équivaut à un secrétaire personnel ; alors que Sima Qian, assumant son rôle

---

15. Zheng Junlei, « Analyse archéologique sur l'intégration des Yue dans la civilisation chinoise », *Journal of Guangxi University for Nationalities (Philosophy and Social Sciences Edition)* 40, no. 2 (mars 2018).

16. *Shiji · Bibliographie de Jizheng*, annoté par Han Zhaoqi (Beijing : Zhong Hua Book Company, 2010), p. 7100.

de courtisan, a continué à exprimer ses opinions par écrit. Détestant le style politique de l'empereur, Sima Qian a fait l'éloge du « décret d'indulgence » visant à renforcer le système de préfectures et districts, estimant qu'il s'agissait d'une grande mesure pour résoudre le problème profond des troubles politiques ; il est resté pauvre toute sa vie, mais il n'était pas hostile aux riches, croyant que la richesse de la plupart des commerçants venait de leur travail sérieux avec une connaissance profonde des lois de l'économie – « ils suivaient l'air du temps pour faire des profits[17] » ; torturé par des fonctionnaires cruels, il ne gardait aucune rancune contre les légistes, au contraire, il pensait qu'une fois bien appliquée, la politique des légistes aurait pour effet de « défendre la paix éternelle ».

Le temple de Sima Qian à Hancheng, Shaanxi, communément appelé temple Sima, est un tombeau construit en hommage au célèbre historien Sima Qian.

---

17. *Shiji · Bibliographie de Huozhi*, annoté par Han Zhaoqi (Beijing : Zhong Hua Book Company, 2010), p. 7662.

Les dynasties Qin et Han et Rome

Sima Qian n'a jamais développé une critique systématique du système malgré sa douleur physique, parce qu'il n'aspirait pas aux « intérêts personnels ». Il faisait grand cas de l'ensemble, du « monde ». En stigmatisant parfois le pouvoir public, il ne recherchait pas délibérément l'indépendance ; en louant quelquefois le pouvoir public, il ne succombait pas à l'autorité. Ce qui comptait pour lui, c'était que le pouvoir public nuise ou profite à tous. Devant le grand monde, les gains et les pertes personnels devaient être relégués au second rang. Comment assumer la responsabilité vis-à-vis de la famille, du pays et du monde sans compromettre la liberté ? Comment garder la liberté interne sans pour autant perdre de responsabilité ? Il fallait rompre avec le passé, mais en même temps rétablir le présent ; il fallait souligner les différences, mais également rechercher des points communs. L'unité des contraires entre la liberté individuelle et la responsabilité collective est une caractéristique qui distingue les intellectuels chinois de ceux de l'Occident depuis l'Antiquité.

Dans *Shiji*, Sima Qian critique l'empereur Wu, mentionne aussi les soupçons de Liu Bang, le gouvernement chaotique de l'impératrice Lü Zhi, ainsi que les erreurs délicates de différents héros et généraux célèbres. La fondation de la dynastie des Han est dépourvue de tout caractère sacré sous sa plume. Il n'existait alors que deux exemplaires du *Shiji* qui étaient très faciles à détruire. Par contre, à partir du règne de Zhao et de Xuan, ce « livre calomnieux » figure sur la liste des collections officielles du pays. Le *Shiji* a été aussi transmis de génération en génération comme l'histoire nationale de la dynastie des Han de l'Ouest. Sans la conscience d'une tolérance active ou l'esprit d'autocritique, cela n'aurait pas été possible. La dynastie des Han a poussé le principe du système d'annalistes à un niveau sans précédent – ceux-ci avait le droit d'évaluer l'empereur. L'histoire était la « religion » pour le peuple chinois, et l'évaluation historique était semblable au jugement religieux. Ce principe a été hérité par toutes les dynasties successives. Même sous les dynasties des Yuan et des Qing, l'empereur pouvait tuer certains historiens, mais il n'a jamais osé abolir ce système. Sinon, cela l'aurait éloigné de la vraie tradition de Huaxia.

99

Étude comparative des civilisations chinoise et occidentale

La vraie tradition de Huaxia concerne la voie (*dao*) commune à suivre. La stabilité à long terme d'un système politique d'envergure ne se base pas sur un simple autoritarisme, mais sur une identification interne de tous les groupes et toutes les couches envers la voie commune. Le noyau de cette voie s'appelle « Zhong, rong, he » (soit le juste milieu, la tolérance et l'harmonie), traduisant un principe, un idéal, une loi, une valeur. Les sages, les empereurs, les fonctionnaires, les généraux et les commerçants suivent tous leur propre voie. Il en est de même pour tous les aspects humains et quotidiens de la vie – les échecs, la calligraphie, la peinture, la médecine, l'alcool, le thé, les arts martiaux ... La droiture ancrée dans l'esprit des citoyens leur permet de tout commenter. Prenons l'exemple des grands ministres des Han, Huo Guang, Wang Mang et Zhuge Liang étaient tous des ministres puissants capables de renverser l'État. Mais les opinions des gens ordinaires vis-à-vis d'eux étaient complètement différentes. Bien que Wang Mang ait prétendu être confucianiste, il a usurpé les Han pour ses intérêts personnels et non pour le grand public ; Huo Guang a changé d'empereurs à deux reprises dans l'intérêt public, mais il s'est comporté de manière trop autoritaire ; Zhuge Liang, malgré la faiblesse du pays, avait pour vocation d'« orienter correctement la voie de l'empereur », et a mené plusieurs expéditions vers le nord, en vue de restaurer la dynastie des Han. Qu'ils aient agi pour le public ou le privé, pour maintenir l'unité ou diviser le pays, rien n'a échappé à la clairvoyance des gens ordinaires. C'est ce qui est écrit dans tous les livres d'histoire et les pièces de théâtres. La bonne voie reste là, et le jugement de la voie n'épargne à personne. Les seigneurs de la guerre devaient également suivre la voie correcte. Par exemple, même si Cao Cao a fait preuve de déloyauté envers la dynastie des Han, il avait pour mission de réaliser son rêve – « Savoir respecter et priser les hommes de valeur, le monde converge ainsi vers le même cœur », et il s'est défendu en disant : « si je n'étais pas dans ce pays, pourriez-vous imaginer combien d'empereurs et de rois il y aurait ? » Quant aux seigneurs-bandits incompétents et malhonnêtes comme Dong Zhuo, ils ne méritent pas d'être commentés.

CHAPITRE 7

LA VOIE COMMERCIALE CHINOISE ET OCCIDENTALE

7.1 Le fardeau d'un gouvernement bienveillant

En plein été 2017, l'équipe archéologique conjointe sino-mongole a découvert une gravure rupestre sur une falaise de roche rouge dans la montagne Hang'ai, en Mongolie. Les mots sont flous et presque illisibles. Après une identification minutieuse, les chercheurs ont été convaincus qu'il s'agissait de l'*Inscription du mont Yanran*, écrite par Ban Gu après que la dynastie des Han de l'Est a vaincu les Xiongnu du Nord en 89 après J.-C. « Yanran n'étant pas récupéré, nous ne retournons pas à notre patrie. » Cette gravure est mentionnée dans d'innombrables livres, mais personne n'a jamais trouvé l'endroit exact. Les gens de la Plaine centrale ont imaginé le mont Yanran comme la frontière la plus lointaine au Nord, ils l'ont finalement vue.

Cette inscription était aussi très importante pour Rome. La bataille de Yanran a mis fin aux combats ininterrompus de deux cents ans entre les Han et les Xiongnu, empêchant ceux-ci de se déplacer vers le Sud, et les poussant à s'acheminer vers l'Ouest. Cela a entraîné une série d'événements comme la migration des peuples des steppes d'Asie centrale

Étude comparative des civilisations chinoise et occidentale

Tableau d'un guerrier Xiongnu à cheval tirant à l'arc

vers l'Ouest. Plus de deux siècles plus tard, les Huns, les Ostrogoths et les Wisigoths ont franchi les frontières romaines et ont détruit l'Empire romain d'Occident. Les historiens chinois et étrangers ne sont pas d'accord sur cette question : les Huns sont-ils bien les Xiongnu ? Quelle que soit la réalité, ce sont les Xiongnu qui ont principalement provoqué la migration à grande échelle des peuples des steppes d'Asie centrale vers l'Ouest.

Pourquoi les Xiongnu ont migré vers l'Ouest ? En 2013, l'expert américain en paléoclimatologie, Edward R. Cook, a collecté des données sur les cycles annuels des plantes au Qinghai, en Chine. En combinant avec l'histoire du climat dans la région du Pacifique, il est arrivé à la conclusion que la migration des Xiongnu vers l'Ouest était directement

Les dynasties Qin et Han et Rome

liée au changement climatique[1]. Il s'avère qu'aux IIe et IIIe siècles, le plateau mongol et les steppes d'Asie centrale ont connu une sécheresse sévère pendant plus de 100 ans, et les groupes nomades n'ont plus pu y survivre. Les Xiongnu ont préféré se diriger vers le Sud, mais après avoir combattu avec la dynastie des Han pendant deux ou trois cents ans, ils n'avaient toujours pas réussi et ont dû emprunter le chemin vers l'Ouest. Les Xiongnu, avec les ethnies nomades elles aussi piégés par la sécheresse dans la steppe d'Asie centrale, se sont précipités vers Rome, un autre centre prospère de la civilisation agricole. À ce moment-là, la Rome d'Occident souffrait de la « crise du IIIe siècle ». La production des grands domaines esclavagistes risquait de s'effondrer, à cela s'ajoutait « le dernier coup de pied » des nomades. La Rome d'Occident s'est effondrée pour ne plus jamais être unifiée.

Si les deux dynasties des Han n'avaient pas réussi à empêcher les Xiongnu, l'histoire de l'Asie de l'Est et l'histoire mondiale auraient été modifiées. Le climat a constitué une force irrésistible pour les peuples nomades, et ces derniers, quant à eux, ont représenté un grand défi pour la civilisation agraire. La Chine et Rome, à des milliers de kilomètres l'une de l'autre, ont été confrontées aux mêmes épreuves. Les deux dynasties des Han sont sorties victorieuses.

Les différends entre les Xiongnu et les Han ont commencé sous la dynastie des Han de l'Ouest, et se sont terminés sous les Han de l'Est. Au commencement des Han occidentaux, des traces du changement climatique apparaissaient déjà. Dans le domaine des Xiongnu, pendant plusieurs années, de grandes catastrophes naturelles, comme de fortes pluies et chutes de neige, ont sévi de manière consécutive, causant la mort

---

1. Cook (Edward R. Cook) a avancé une hypothèse sur le mécanisme climatique, selon lequel l'apparition de la sécheresse en Asie centrale au 4e siècle s'est produite presque simultanément avec la première migration vers l'Ouest des Huns dans l'Empire romain. Nicola Di Cosmo, Neil Pederson, Edward R. Cook, « Environmental Stress and Steppe Nomads : Rethinking the History of the Uyghur Empire (744–840) with Paleoclimate Data », *Journal of Interdisciplinary History*, no. XLVIII (printemps 2018) : 4.

Étude comparative des civilisations chinoise et occidentale

d'un grand nombre de bêtes. Au début, après chaque union matrimoniale et activité commerciale, les Xiongnu ont pu profiter de neuf ou dix années de paix et de stabilité. Mais à partir de la fin du règne de l'empereur Wen, il était inutile de leur envoyer des biens ou des princesses. Les Xiongnu n'ont cessé d'attaquer les Han pour piller leurs trésors. Leurs conflits se sont accentués. Sous le règne de l'empereur Wu de la dynastie des Han occidentaux, il y a aussi eu des inondations, des sécheresses et des famines massives dans les plaines centrales, mais ces obstacles ont été surmontés grâce aux système national unifié. La durabilité de la civilisation dépendait du fait que les catastrophes naturelles étaient absorbées par des forces endogènes ou détournées par le pillage.

Wudi ne supportait plus les invasions continues des Xiongnu et a déclenché la guerre contre eux qui a duré plus de dix ans. Finalement, Wei Qing a obtenu la région de Hetao et y a érigé la préfecture de Shuofang ; Huo Qubing a gagné les régions de l'Ouest (Xiyu) et y a établi les préfectures de Wuwei et de Jiuquan. Grâce à ces deux bases, la dynastie des Han de l'Est a pu atteindre le plateau mongol plus tard. Cette victoire très coûteuse a épuisé quasiment les réserves alimentaires sous les règnes de Wen et Jing. Durant la guerre, quiconque pouvait offrir de l'argent et de la nourriture pouvait devenir fonctionnaire. L'histoire drôle de « la vente des moutons pour l'achat des positions officielles » est née à cette période.

Le plus grand embarras est survenu après la bataille définitive de Huo Qubing au corridor de Hexi. Le roi Hunye des Xiongnu a amené 40 000 soldats à capituler et l'empereur Wu a décidé de lui conférer cinq États vassaux près des frontières pour l'installer. Il a ordonné aux marchands de la capitale Chang'an de faire don de 20 000 voitures et chevaux aux Xiongnu en tant qu'« allocations de logement ». Mais aucun commerçant n'a voulu le faire. Furieux, Liu Che a même eu envie de couper la tête des gouverneurs des districts et des commerçants de Chang'an[2].

---

2. « L'empereur s'est mis en colère, et avait envie de condamner à mort l'administrateur de Chang'an [...] En fonction des articles minutieux des lois, il a tué plus de 500 personnes. »

Les dynasties Qin et Han et Rome

Les courtisans ont protesté en disant que les Xiongnu avaient fait beaucoup de mal au peuple des Han, que la dynastie avait dépensé d'innombrables ressources pour enfin triompher. Selon eux, maintenant que les Xiongnu étaient prisonniers, il fallait les offrir aux familles des soldats morts pour servir d'esclaves. Utiliser l'argent du gouvernement pour les nourrir, demander aux habitants Han de s'occuper d'eux, c'était comme si l'on gâtait un enfant arrogant. Cela portait atteinte au fondement même de la Chine[3].

L'empereur Wu est demeuré silencieux pendant longtemps, mais a fini tout de même par payer les frais d'installation des Xiongnu. Par contre, cette somme d'argent ne provenait pas des caisses de l'État, mais du trésor impérial. C'est un autre angle pour comprendre la civilisation chinoise. Certains disent que le défrichement de la dynastie des Han n'est pas différent de la colonisation d'autres empires, pourquoi ces « colonisateurs » ne prenaient-ils pas les vaincus comme esclaves et, au contraire, les nourrissaient-ils à leurs propres frais ? En même temps que la guerre entre les Han et les Xiongnu, a lieu la troisième guerre punique entre Rome et Carthage (de 149 avant J.-C. à 146 avant J.-C.). Rome a rasé toute la ville de Carthage, et les 50 000 habitants ont tous été vendus comme esclaves.

Les guerres extérieures grecques et romaines rapportaient de l'argent, alors que l'ouverture des frontières des Han était un acte débiteur, que les historiens ont critiqué pour son « gaspillage des richesses domestiques ». Mais la dynastie Han a cherché à gagner en esprit, et non pas en fortune. Tant que les tribus des Xiongnu se rendaient avec sincérité, elles étaient

---

Shiji · Bibliographie de Jizheng, annoté par Han Zhaoqi (Beijing : Zhong Hua Book Company, 2010), p. 7113.

3. « Votre Majesté, j'ai pensé que vous réduiriez les captifs Hu en esclaves et servantes pour consoler les familles des soldats morts dans les batailles [...] Hunye a dirigé des dizaines de milliers de gens pour capituler, vous leur avez donné des récompenses, désigné des valets, comme s'ils étaient héros de notre pays. [...] c'est ce qu'on appelle 'protéger les feuilles en blessant les branches' ». *Shiji · Bibliographie de Huozhi*, annoté par Han Zhaoqi (Beijing : Zhong Hua Book Company, 2010), p. 7113.

Étude comparative des civilisations chinoise et occidentale

considérées comme des Chinois, et méritaient donc d'être traitées avec bienveillance, justice et richesse, pour que « le cœur des gens lointains nous appartienne ». Cela illustre bien l'esprit bienveillant du confucianisme.

Le fardeau de la politique de bienveillance était trop lourd. La Plaine centrale et les prairies ont toutes été frappées par des catastrophes naturelles, les petits agriculteurs ont fait faillite – « La pluie ne tombait pas, les paysans ne pouvaient plus gagner leur vie ; pendant les mauvaises années, certains ont même vendu leur fils. » Les paysans n'ont pas pu résister au désastre et ont dû payer leurs dettes. Ils ont donc été obligés de vendre leur terre et leur maison. À qui ? Aux grands commerçants naturellement. L'annexion des terres dominée par les marchands de la dynastie des Han ressemble à celle de la « grande agriculture des terres » de Rome ; les spéculateurs et les propriétaires terriens « ne se préoccupaient jamais des affaires du pays », tout comme à Rome. Les ressources financières des commerçants dépassaient déjà celles des gouvernements à tous les niveaux (« La richesse des grands commerçants l'emportait sur celle des préfectures, la richesse des commerçants moyens sur celle des districts, la richesse des petits commerçants sur celle des cantons. C'était monnaie courante[4]. »). Mais quand le pays leur a voulu emprunter de l'argent en vue de combattre les sept royaumes ennemis, les riches ont refusé en prévoyant que l'État pourrait perdre la guerre (« La victoire ou la défaite dans la région de l'Est n'étant pas déterminée, ils ne voulaient pas prêter de l'argent.[5])

À partir du règne des empereurs Wen et Jing, il y a eu une discussion sur la solution aux conflits entre les agriculteurs et les marchands. Jia Yi a proposé d'« encourager l'agriculture et de réduire le commerce ». Cela

---

4. *Shiji · Bibliographie de Huozhi*, annoté par Han Zhaoqi (Beijing : Zhong Hua Book Company, 2010), pp. 7622-7623.

5. « Lorsque les sept royaumes se sont rebellés, les princes de Chang'an, afin de financer l'armée, ont emprunté de l'argent aux commerçants financiers. Ces derniers pensaient que les batailles dans la zone du Guandong n'aboutiraient certainement pas à la victoire, et se sont décidés à ne pas leur en prêter. » *Shiji · Bibliographie de Huozhi*, annoté par Han Zhaoqi (Beijing : Zhong Hua Book Company, 2010), p. 7620-7621.

Les dynasties Qin et Han et Rome

relevait typiquement de la pensée légiste. Dans le *Livre Shang Jun*, pour punir « les commerçants malhonnêtes », l'État a décuplé les taxes, interdit le commerce et a envoyé les employés commerciaux construire des routes dans les pays lointains. Mais le commerce constituait le fondement de la prospérité de la dynastie des Han occidentaux, il ne fallait pas retourner à la tyrannie des Qin. Une autre option, mise en avant par Chao Cuo, consistait en réduction ou exonération des impôts agricoles. Il s'agissait d'une stratégie confucéenne. Or, cette solution simple n'a pas suffi à résoudre les problèmes. Faute d'impôts, comment l'État était-il capable de lutter contre les catastrophes et combattre les ennemis ? Les empereurs Wen et Jing ont eu du mal à prendre une décision, et ce dilemme a subsisté.

C'est l'empereur Wu qui a trouvé la solution. Quelqu'un lui a conseillé une méthode qui ne revenait pas au système Qin, ni n'ajoutait d'impôts aux paysans, mais qui augmentait les ressources financières du pays. Ce n'était ni un confucianiste, ni un légiste, mais un commerçant.

7.2 La patrie des marchands confucéens

La dernière année avant la mort de l'empereur Jing, Sang Hongyang, fils d'un riche marchand de la ville de Luoyang, est entré à la cour en tant que fonctionnaire grâce à son talent particulier du calcul mental. Il n'avait que 13 ans. À la différence de la capitale Chang'an, Luoyang était une ville commerçante, dans laquelle les habitants « préféraient faire des affaires que de devenir fonctionnaires ». La dynastie des Han n'autorisait pas non plus les marchands à devenir fonctionnaires, seuls les descendants des gouverneurs et des généraux pouvaient prétendre à cette qualification. Il n'était pas facile pour les enfants originaires d'une famille marchande d'entrer exceptionnellement à la cour.

Sang Hongyang servait de compagnon de lecture au jeune empereur Liu Che qui avait 16 ans. Il lisait les mêmes livres que Liu Che. Il suivait l'empereur là où il allait. La plupart des gardes de l'empereur sont devenus

Étude comparative des civilisations chinoise et occidentale

des officiels et des généraux célèbres, mais Sang Hongyang est resté inconnu pendant 20 ans, jusqu'à ce que les marchands des Han refusent de faire des dons aux Xiongnu.

Sous la planification de Sang Hongyang, Liu Che, empli de colère, a fait quelque chose de surprenant pour les érudits confucéens en 120 avant J.-C. : il a embauché le célèbre marchand de sel, Dongguo Xianyang, et le grand marchand de fer, Kong Jin, pour dominer l'exploitation officielle du sel et du fer de tout le pays. Son compagnon Sang Hongyang, lui, a coopéré avec eux dans la cour intérieure en tant que « secrétaire pour le calcul ».

La gestion officielle du sel et du fer signifiait que l'industrie de ces deux produits, qui était auparavant gérée par le secteur privé, a été transférée à l'État pour une exploitation à plus grande échelle. Le sel et le fer étaient les deux biens de consommation les plus importants de la société antique, la gestion officielle monopolisait alors la plus grande source d'argent. Beaucoup de gens ont reproché à l'État de rivaliser avec les marchands, pourtant, c'était les marchands de sel et de fer qui aidaient l'État. C'est étonnant. Les marchands romains se sont servis des ressources financières pour contraindre l'État à s'enrichir, tandis que les marchands des Han ont soutenu l'État dans le macro-contrôle.

Par ailleurs, Sang Hongyang a également inventé la « méthode de répartition égale » et la « méthode d'égalisation ».

Selon la « méthode de répartition égale », les meilleurs produits locaux étaient remis à l'État pour les vendre et expédier, par le biais du réseau officiel, aux zones les plus défavorisées. Pour le peuple, l'exploitation des intermédiaires pouvait être évitée ; pour l'État, cela générait également d'énormes ressources financières sans augmenter les taxes agricoles. La « méthode d'égalisation » consistait à utiliser le réseau officiel pour remédier aux fluctuations de prix. Lorsque le prix d'une marchandise augmentait ou diminuait trop, l'État le vendait ou l'achetait sur le marché pour stabiliser le prix. À Rome, face au même problème, l'empereur Dioclétien a promulgué un édit de limitation des prix (301 après J.-C.), fixant un prix maximum pour tout, des produits de base aux salaires, mais il a échoué. L'empereur Julien a tenté la même chose en 362 mais cela n'a pas abouti non plus.

Sang Hongyang a également standardisé le système monétaire, selon lequel l'État reprend les droits de frappe dispersés dans les préfectures. La monnaie unique en bronze s'appelle « cinq zhus » (*Wuzhu*). Quant à Rome, seules les pièces d'or et d'argent étaient fabriquées par l'État, et celles de cuivre par les villes.

Ce système financier de macro-contrôle a permis à la dynastie des Han de surmonter les grands obstacles comme les catastrophes naturelles et les invasions des Xiongnu. Avec les richesses accumulées grâce à ces deux « méthodes », les salaires des soldats ont été payés et les affamés du Nord secourus. « En s'appuyant sur les revenus de la méthode de répartition égale et la méthode d'égalisation, l'État est parvenu à payer les soldats et à aider les affamés[6]. » Or, les premières mesures de macro-contrôle avaient des inconvénients. Par exemple, au cours de l'exploitation officielle du sel et du fer, les spécifications des ustensiles n'étaient pas souvent adaptées à un usage privé ; dans la répartition égale, les fonctionnaires expropriaient souvent les propriétés arbitrairement[7] ; durant le mouvement qui a incité les gens à dénoncer la dissimulation des propriétés, dans le but de percevoir les impôts sur les propiétés des usuriers et des spéculateurs, a même déclenché une campagne nationale de dénonciation. Au crépuscule de sa vie, Sang Hongyang a admis l'écart entre l'intention initiale de la politique et l'effet de sa mise en œuvre – « Les officiels ne seraient pas assez compétents pour mettre en place l'interdiction et l'admission, donc

---

6. « Les guerriers ne pouvaient pas toucher leur salaire, et la province du Shandong était frappée par des catastrophes naturelles, Qi et Zhao souffraient de la famine. En s'appuyant sur les revenus de la méthode de répartition égale et la méthode d'égalisation, l'État est parvenu à payer les soldats et à aider les affamés. » *Révision et annotation de la théorie du sel et du fer*, annoté par Wang Liqi (Beijing : Zhong Hua Book Company, 1992), p. 27.

7. « Ceux qui ont des céréales les vendent à moitié prix, et ceux qui n'en ont pas se voient facturer des intérêts élevés égaux à leur coût. » *Commentaires sur les écrits de Chao Cuo* (Shanghai : Shanghai People's Publishing House, 1976), p. 31.

le peuple s'en plaint. » Les défauts n'ont pas éclipsé pour autant les valeurs de ces mesures.

En outre, Sang Hongyang accomplit deux tâches importantes. La première tâche a consisté à « redistribuer la terre ». En 114 avant J.-C., à l'occasion de sa première sortie officielle sur le territoire à l'extérieur de la capitale, il a redistribué les terres confisquées aux spéculateurs et aux usuriers à des réfugiés sans terre[8]. Rome possédait aussi un système de terres communes selon lequel une partie des terres conquises était louée aux pauvres ; mais ce système n'a pas pu empêcher les nobles de s'emparer des terres, au point que les terres communes diminuaient et l'État a finalement perdu sa capacité de régulation. La redistribution de la terre mise en place par Sang Hongyang (en 133 avant J.-C.) n'était pas loin de l'époque où les « Gracques » à Rome qui ont été assassinés en raison de leur

Pièce de monnaie romaine montrant un soldat romain fier qui se tient debout à côté d'une femme triste représentant la « captive de la Judée »

---

8. Dans le système foncier des dynasties Qin et Han, il y a à la fois des « terres publiques » relevant de l'État et des « terres privées » appartenant à des particuliers. Les terres publiques étaient destinées à la redistribution et à la location, ce qui ne pouvait pas résoudre la contradiction fondamentale dans le domaine foncier, mais était susceptible de freiner l'annexion des terres. La prospérité de la dynastie des Wei du Nord et des dynasties Sui et Tang a découlé en partie du système de concession de terres ; chaque fois que le pays a perdu les terres publiques comme moyen d'ajustement, il est entré dans le cycle de déclin.

réglementation foncière (en 121 avant J.-C.). La réforme a réussi en Chine, mais a échoué à Rome.

Le deuxième mérite de Sang Hongyang a été de consolider les Régions de l'Ouest. Au début, les quatre préfectures du corridor de Hexi établies par les Han n'étaient que des points militaires. À la proposition de Sang Hongyang, 600 000 soldats ont été recrutés et envoyés sur le terrain de Hexi pour le défrichement. Cela a coûté un nombre gigantesque de richesses. « La Chine a construit des routes et offert de la nourriture, à des distances allant de mille lis à 3 mille lis, tout dépendait de l'agriculture. » Sans ce fondement, Ban Chao de la dynastie des Han de l'Est n'aurait pas été en mesure de construire le protectorat des Régions de l'Ouest, et la Route de la soie n'aurait jamais été réalisée. Sang Hongyang a fait preuve de plus de passion envers les Régions de l'Ouest par rapport à la cour impériale. Dans les dernières années de Liu Che, Sang Hongyang l'a même exhorté à renforcer une fois pour toutes les Régions de l'Ouest en implantant des soldats à Luntai (aujourd'hui le district de Luntai, Xinjiang). À la fin, Liu Che a abandonné ce projet, promulgué l'édit de Luntai et ordonné de « renoncer à la force militaire et revenir au gouvernement culturel ».

Pourquoi le fils d'un grand marchand s'obstinait-il tant à distribuer les terres aux pauvres et défricher les Régions de l'Ouest pour le pays ? Parce qu'il avait lu *les Annales des Printemps et Automnes*. Dans sa jeunesse, il avait lu des œuvres classiques confucéennes, telles que *les Annales des Printemps et Automnes*, *Commentaires de Lu*, *Shangshu*. Dans sa vieillesse, lors de la réunion de Yantie où il a discuté avec d'autres érudits confucéens, il était encore capable de citer les phrases de ces ouvrages. Dès que Liu Che a sélectionné des fonctionnaires parmi les élèves d'origine ordinaire, le confucianisme a gagné sa popularité et ceux qui ne connaissaient pas la « voie royale » se sont vus ridiculisés par les bûcherons et les paysans. Sans cette atmosphère culturelle, il n'y aurait pas eu ces grands hommes d'affaires qui ont inventé le macro-contrôle. Les marchands Dongguo Xianyang et Kong Jin, qui travaillaient avec Sang Hongyang au service officiel du sel et du fer, ont également consacré toute leur vie à leur patrie.

Étude comparative des civilisations chinoise et occidentale

Sang Hongyang a toujours gardé ses habitudes d'homme d'affaires. Il ne menait pas une vie modeste, et se vantait fièrement de « bien profiter des » récompenses et du salaire pour s'enrichir[9]. Une fois, ses enfants ont même dû payer une amende pour une chasse illégale. En revanche, tout l'argent qu'il a récolté via les mesures de centralisation du pouvoir a été entièrement investi dans le défrichement au Nord-Ouest et la gestion des inondations dans la province du Shandong, soit dans « la gouvernance du monde ». Il appréciait l'esprit du confucianisme, mais méprisait le discours creux des « savants » confucianistes (« Ils ne savent pas gouverner le monde, mais sont très doués pour discuter[10] »). Il avait raison. Tous les exploits de la dynastie des Han ne se seraient pas concrétisés sans le système financier central.

Sang Hongyang était-il commerçant, officiel, confucianiste, ou légiste ? Il a déclenché un débat éternel : la mission de la voie des commerçants était de construire un empire commercial qui transcendait toutes les contraintes ? ou d'aller aider le monde après leur propre perfectionnement ? C'était une lutte perpétuelle dans le cœur des commerçants chinois qui a conduit à des sorts différents.

7.3 Des voies commerciales différentes

À la même époque que Sang Hongyang, le principal marchand de Rome était Crassus, qui figurait dans le « premier triumvirat » avec César et

---

9. « Pour les dépenses associées au déplacement, aux vêtements, et à la vie de toute la famille, je les mesure à mes ressources et fais des économies ; pour les salaires et récompenses, je les accumule avec de l'intelligence et m'enrichis. » *Révision et annotation de la théorie du sel et du fer*, annoté par Wang Liqi (Beijing : Zhong Hua Book Company, 1992), pp. 219-220.

10. *Révision et annotation de la théorie du sel et du fer*, annoté par Wang Liqi (Beijing : Zhong Hua Book Company, 1992), p. 595.

Les dynasties Qin et Han et Rome

Pompée. Il est surtout connu pour une chose bouleversante : la répression du soulèvement de Spartacus.

Crassus était connu comme « l'homme le plus riche de Rome ». Comme l'a enregistré Plutarque, il s'est enrichi en créant une brigade de pompiers privés constitués de 500 esclaves (il n'y avait pas de pompiers publics à Rome alors). Lorsque la maison de quelqu'un était en feu, il amenait ses pompiers à bloquer la porte et demandait à acheter la maison des victimes à bas prix. Si le propriétaire était d'accord, il éteignait le feu. Sinon, il restait les bras croisés et la maison était détruite par le feu. Après que le propriétaire lui vendait la maison, il la rénovait et la louait au même propriétaire à un prix élevé. De cette façon, il est parvenu à acheter la majeure partie de la ville de Rome. Il a dirigé aussi le plus grand trafic d'esclaves de Rome. Des jardins en Italie aux mines d'argent en Espagne, nombre d'esclaves y travaillant ont été vendus par lui. Après sa mort, son héritage équivalait au revenu annuel de toute la cité.

Sa générosité après son entrée dans le monde politique était aussi étonnante que son exploitation dans les affaires. Il a affecté un dixième de sa fortune à une célébration et a offert à chaque citoyen romain trois mois de frais de subsistance. En 70 avant J.-C., il a remporté ainsi très facilement les élections et a été nommé consul avec Pompée. Le grand Jules César s'est battu dur pendant 10 ans avant de pouvoir les rejoindre au « premier triumvirat ».

Crassus disait que si quelqu'un n'a pas la capacité d'armer une légion, il ne doit pas passer pour un riche. Il est mort au cours de l'expédition qu'il dirigeait vers l'Empire parthe, combattant et mourant avec héroïsme romain. Mais il ne s'est pas battu pour le pays, mais pour lui-même : d'après la règle tacite de Rome, celui qui occupait une nouvelle province était le premier à accéder aux richesses du territoire conquis. Il a échoué. La cavalerie parthe lui a coupé la tête et l'a remplie d'or.

Il est impossible qu'un commerçant-politicien comme Crassus apparaisse en Chine. Ses moyens de faire fortune n'étaient pas respectés

Étude comparative des civilisations chinoise et occidentale

déjà dans le monde du commerce, et encore moins comme dirigeant politique. Mais à Rome, tant qu'il était assez riche pour financer une armée et pour obtenir plus de voix, il pouvait obtenir ce qu'il voulait.

Dans le monde méditerranéen créé par Rome, ont émergé un grand nombre de financiers, de percepteurs d'impôts et de marchands d'esclaves comme Crassus. Ils investissaient dans la politique romaine, et après l'effondrement de Rome, ils 'n'ont pas été touchés. Ils ont abouti à des compromis avec les Barbares et l'Église pour se transformer ensuite en nouveaux seigneurs féodaux.

Depuis les temps modernes, des gens croient toujours que le capitalisme n'est apparu qu'à la fin de la dynastie des Ming en Chine et que l'esprit commercial semblait être tributaire du courant principal de la civilisation agricole confucéenne. Ce n'est pas la réalité. En fait, l'esprit commercial était une partie importante de la civilisation agricole ; il ne souffrait pas d'une déficience congénitale, mais il était précoce ; il ne s'agissait pas d'une acceptation passive du confucianisme, mais d'une révision de ce dernier dans des contenus substantiels. Comme l'a proposé Sang Hongyang dans ses dernières années à la réunion de Yantie, un pays pouvait être fondé sur le commerce (« Pour enrichir un pays, on ne recourt pas nécessairement à l'agriculture ; pour augmenter la richesse des paysans, il ne faut pas se limiter aux champs. ») Il estimait que le pays devait créer un grand marché, rassemblant toutes sortes de marchandises permettant aux paysans, commerçants, ouvriers et enseignants d'« obtenir ce qu'ils voulaient dans les échanges commerciaux ». Il a ajouté que si un pays ne réussit pas à enrichir son peuple, ce n'est pas une question de morale, mais de commerce sous-développé. « Les produits des montagnes et des mers abondent, mais le peuple n'en profite pas suffisamment, cela est dû à l'insuffisance du commerce et de l'industrie. » Ces idées proviennent de « l'école de l'importance » de Guanzi de l'État de Qi pendant la période des Royaumes combattants. Guanzi propose clairement de laisser le marché ajuster la richesse, d'employer la monnaie pour fixer les prix, d'utiliser les mécanismes d'intérêt pour guider le comportement social, et s'oppose aux

Les dynasties Qin et Han et Rome

moyens administratifs de contrôle coercitif. Ces idées sont très modernes. Nous sous-estimons souvent la valeur de nos ancêtres. De nombreuses raisons expliquent pourquoi la Chine n'a pas développé une économie capitaliste mais les germes de la civilisation industrielle et commerciale ne faisaient pas défaut.

L'industrie et le commerce chinois ont été imprégnés d'éthique morale par le confucianisme dès le début, et plus tard de responsabilité envers la famille et la patrie. Certains disent que c'est cette double contrainte qui a empêché l'apparition des entrepreneurs chinois à l'occidentale. Pourtant, l'éthique morale et la responsabilité vis-à-vis du pays posent précisément des questions auxquelles les entrepreneurs occidentaux d'aujourd'hui doivent répondre : comment équilibrer la relation entre les intérêts personnels et ceux d'autrui ? La simple poursuite des intérêts individuels

Une partie de la maquette de Linzi, capitale de Qi à l'époque des Royaumes combattants. Cette maquette reproduit de manière vivante et fidèle la scène splendide décrite par le stratège Su Qin : « Dans la rue de Linzi, les voitures passent, les épaules sont frottées, les robes se lient pour devenir un grand rideau, les transpirations ressemblent à la pluie. »

Étude comparative des civilisations chinoise et occidentale

contribue-t-elle automatiquement au bénéfice mutuel dans la société ? Où sont les frontières entre le pays et les individus ? Une économie libre peut-elle s'affranchir de la souveraineté nationale ? Ces questions, la Chine a commencé à y réfléchir il y a 2 000 ans.

CHAPITRE 8

L'EMPIRE ROMAIN

8.1 Les couches supérieure et inférieure

Lors de l'effondrement de la dynastie des Han occidentaux (en 8 après J.-C.), l'Empire romain venait juste de voir le jour. Octave, qui a fondé l'Empire, présente de nombreuses similitudes avec Liu Che.

Ils étaient tous les deux de jeunes génies. Liu Che est monté sur le trône à l'âge de 17 ans, et a commencé à promouvoir le confucianisme et à combattre les Xiongnu à partir de 23 ans. Il a achevé ces deux choses avant 49 ans. Octave, de son côté, s'est rebellé à l'âge de 19 ans, a mis fin à la scission à 32 ans, et a accompli la construction institutionnelle de l'Empire romain avant l'âge de 47 ans.

Ils avaient tous les deux un caractère compliqué. L'évaluation historique de Liu Che a oscillé pendant deux mille ans entre son recours excessif à la force militaire et son grand talent et sa stratégie audacieuse. S'il était confucianiste, il a pourtant agi comme un légiste ; s'il était légiste, il n'est pas revenu au système Qin ; s'il aimait les dieux taoïstes, il a construit le pays en fonction du confucianisme. Il y a également plein de contradictions chez Octave. Il a coopéré avec les grandes personnalités pour vider le Sénat ; puis il a collaboré avec le reste du Sénat pour éliminer les grandes personnalités. Il a conservé la forme de la république, mais en

Étude comparative des civilisations chinoise et occidentale

a modifié la logique interne ; il était nommé chef de l'État, mais au fond il était empereur. Il a assumé plusieurs postes civils, de consul à l'officiel du peuple, en passant par prêtre en chef, mais sa véritable force résidait dans son armée forte de 180 000 soldats. Il n'a pas établi de système de succession explicite, mais l'empire a tout de même été transmis au sein de sa famille.

La complexité d'Octave et de Liu Che s'explique par l'immensité de l'entité politique qu'étaient Rome et les Han. Au début de leur création, afin d'intégrer un territoire aussi vaste et complexe, une seule théorie, un système unique ou un simple arrangement n'aurait absolument pas pu fonctionner.

Les idées d'Octave et de Liu Che sur la gouvernance du pays se ressemblaient également.

Octave attachait une grande importance à la construction institutionnelle. À part l'administration, l'armée et la perception des impôts, il faisait grand cas de l'idéologie nationale, et espérait unir le cœur des gens à la morale traditionnelle de la Rome primitive, soit la loyauté et la responsabilité envers la famille, le pays et les dieux locaux. Tout comme Liu Che qui a trouvé Dong Zhongshu, Octave a également regroupé de nombreux géants culturels. À l'exemple de l'épopée d'Homère, Virgile a composé l'épopée romaine l'*Énéide*, forgeant l'identité de la « nation romaine » ; Tite-Live a écrit l'*Histoire de Rome depuis sa fondation*, résumant l'ascension et la chute de Rome au cours de 700 ans et stigmatisant le séparatisme ; les *Satires* d'Horace fustigent la corruption de l'époque et incite toute la société à retrouver le sens des obligations envers le pays.

Mais les voies et les résultats de Liu Che et d'Octave sont très différents.

Octave a établi un système de fonction publique. Pour éviter la destruction de la politique par les ploutocrates, il a absorbé hardiment ces derniers dans le système de fonctionnaires. Les chevaliers pouvaient commencer leur carrière comme officier stagiaire, puis entrer dans le système de perception des impôts, et devenir enfin trésoriers provinciaux ; les plus talentueux avaient l'occasion d'être élus au Sénat. Il s'agit de l'idée :

« le partage du monde entre les nobles et les ploutocrates » prônée par Cicéron. En comparaison, la dynastie des Han a fait appel aux érudits du milieu inférieur. Qian Mu estime que la dynastie des Han était la première dynastie avec un « esprit civil[11] ».

Les fonctionnaires de l'Empire romain travaillant dans les capitales provinciales, il n'existait pas de pouvoir politique de base, ni d'administration sous chaque province ; les royaumes, villes et tribus autonomes fonctionnaient selon leur système originel. Rome envoyait un gouverneur et certains trésoriers qui se chargeaient de la fiscalité, des affaires militaires et de la justice, mais pas du service public, de l'éducation et de la culture dans les provinces. Les trésoriers ne restaient qu'au niveau des provinces et ne se rendaient jamais dans les milieux de base ; ils n'avaient pas envie de fixer la collecte d'impôts avec une gestion verticale, et ce droit a alors été cédé aux dirigeants locaux. Ces derniers bénéficiaient d'une autorité incontestable dans les affaires locales, ainsi, les gouverneurs prenaient souvent des décisions en fonction des souhaits des puissances locales. Par exemple, le gouverneur romain Pilate ne voulait pas condamner Jésus à mort, mais avec l'insistance des dirigeants juifs, Jésus a été crucifié à contrecœur. Le gouverneur n'était responsable des affaires publiques, ni des dépenses publiques. Les frais de la construction urbaine locale et des activités culturelles étaient pris en charge volontairement par les riches hommes d'affaires locaux. Après le déclin du gouvernement central, ces hommes puissants locaux se sont transformés en propriétaires féodaux sous les royaumes barbares, parce qu'ils étaient indépendants en eux-mêmes, et peu importe qui percevait les impôts. Le chercheur britannique Finer qualifie l'Empire romain d'« énorme société de holding composée de nombreuses cités-États[12]. »

---

11. Qian Mu, *Aperçu de l'histoire chinoise*, Beijing, Commercial Press, 1991, p. 128.

12. S. E. Finer, *The History of Government*, vol. 1, traduit par Ma Bailiang et Wang Zhen (Shanghai : East China Normal University Press, 2010), p. 362.

Un spectacle historique représentant la Rome antique dans l'ancienne ville de Liqian à Jinchang, province du Gansu, avec le défilé de l'« empereur » et de l'« impératrice » romains, accompagnés de « représentants du Sénat romain » en robe blanche

En fin de compte, Rome était gouvernée par le milieu supérieur, et non pas la base. L'Empire romain était composé d'élites autour de la mer Méditerranée, et les roturiers s'en étaient toujours exclus et jamais intégrés. Comme le disent les chercheurs occidentaux, la civilisation de l'Empire romain possédait une superstructure extrêmement riche et complexe, mais une base économique grossière et simple comme un « domaine d'esclaves[13]. » Il en était de même pour la culture. Dans les provinces romaines, seuls les aristocrates et les bureaucrates parlaient latin, les gens ordinaires ne le parlaient pas, car Rome n'a jamais voulu le leur apprendre. Trois cents ans après l'annexion de la Gaule et de

---

13. Perry Anderson, *Passages from Antiquity to Feudalism*, traduit par Guo Fang (Shanghai : Shanghai People's Publishing House, 2001), p. 137.

Les dynasties Qin et Han et Rome

l'Espagne à Rome, les paysans parlaient encore leur langue celtique. En conséquence, « l'identité nationale romaine » qu'Octave avait construite minutieusement, ne se limitait qu'au cercle aristocratique avec l'emploi du latin, et ne s'est jamais étendue dans le milieu des roturiers. Une fois le sommet de la société détruit, les roturiers se sont seulement préoccupés de leur propre vie, ignorant totalement le destin de la cité de Rome. Mais sous les dynasties Qin et Han, les niveaux supérieur et inférieur étaient connectés et un système de fonction publique de base a été établi avec les districts et cantons. Le gouvernement recrutait des talents au niveau local et, après une évaluation stricte, ils étaient envoyés dans les localités pour gérer de manière globale la fiscalité, les affaires civiles, la justice, la culture et l'éducation. Dans les bulletins Han découverts à Juyan, même un petit fonctionnaire des Régions de l'Ouest était tenu de « savoir écrire et compter, gérer les affaires officielles et civiles, bien connaître les lois et règlements ». Les fonctionnaires devaient également lire des livres d'histoire, rédiger des documents et pratiquer l'étiquette[14]. Ils étaient à la fois chargés du gouvernement de la société et de la vie culturelle publique[15]. Les gouverneurs des préfectures créaient les instituts, les responsables des districts établissaient des écoles, les professeurs y enseignaient des ouvrages classiques. Cela permettait d'intégrer progressivement les personnes de base de différentes régions dans une grande communauté culturelle. Même avec l'effondrement du pouvoir central, les gens de base pouvaient encore écrire dans la même langue, suivre la même morale et apprécier la même culture. Avec une telle fondation du peuple, les dynasties de la grande unification pouvaient renaître de manière récurrente.

---

14. Huang Hui, *Révision et interprétation de Lunheng* (Beijing, Zhong Hua Book Company, 1990), p. 1123.

15. *Han shu*, annoté par Yan Shigu (Beijing, Zhong Hua Book Company, 1999), pp. 248-249.

Étude comparative des civilisations chinoise et occidentale

8.2 Le pouvoir politique et militaire

La deuxième différence entre Rome et les dynasties Qin et Han c'est la relation entre l'armée et le pouvoir politique.

Octave a commencé sa carrière en tant que militaire, et a donc traité la relation entre le pouvoir politique et l'armée à la façon d'un chef de guerre. Il a d'abord confisqué la trésorerie égyptienne en « trésor privé du chef de l'État », puis en a tiré parti pour rémunérer les soldats des légions. Bien que ces soldats ne fassent plus partie de l'armée privée des généraux, ils restaient toujours à la disposition de l'empereur. Cela a conduit à une règle à double sens : d'une part, l'armée appartient à celui qui paie le plus ; d'autre part, si l'empereur n'a plus d'argent, une autre personne riche peut le remplacer. Effectivement, la paix sous cette règle n'a duré que 50 ans après Octave. Pendant la guerre civile de 68-69, les seigneurs de guerre locaux se sont rendus à la capitale pour participer aux luttes pour le trône, et les généraux de différentes légions se sont emparés du pouvoir central à plusieurs reprises. Selon les statistiques des experts, au cours des 364 années, du règne d'Octave à celui de Constantin, l'empereur changeait tous les 6 ans en moyenne. Parmi eux, 39 ont été tués par les gardes et les armées, soit 70 % de la totalité ; seulement 12 empereurs sont morts de manière naturelle, représentant moins de 20 %.

La garde centrale, dominée par des soldats indigènes italiens, était la première force à tendre à contrôler l'empereur. Qui approchait les puissants en tirait profit plus facilement. L'héritier légitime devait soudoyer les soldats de la garde pour accéder au pouvoir. Lorsqu'ils n'étaient pas satisfaits de la rémunération, ils le tuaient et le remplaçaient par un nouveau candidat. Enfin, avait lieu même la « mise aux enchères » du trône devant la caserne, et les ploutocrates et les sénateurs proposaient les prix les uns après les autres. En 193, Julianus est tué 66 jours après avoir été élu empereur[16].

---

16. Cassius Dio, *The Roman History: The Reign of Augustus*. Lxxiv, 17.5 (Penguin, 1987) ; *Historia Augusta*, vol. 1, Didius Julianus, 8.8, traduit par Magie, D. (Cambridge : Harvard University Press, 1921).

Les dynasties Qin et Han et Rome

Les seigneurs de guerre frontaliers rivalisaient avec la garde centrale. La dynastie des Sévères, née dans les provinces près des frontières, a dissolu les soldats indigènes italiens et a envoyé les troupes des provinces pour occuper Rome. Ils ont massacré les nobles et les riches de Rome et ont confisqué leurs biens pour récompenser les soldats. Bien que la solde des soldats ait été doublée, le désir n'était toujours pas comblé. Cette dynastie a péri après l'assassinat de l'empereur par sa propre armée (en 235). Dès lors, 23 empereurs se sont succédé en 50 ans à Rome, mais ils ont tous été tués dans les mutineries moins d'un an après leur règne.

À la fin de l'Empire romain, l'économie était en ruine. Les primes n'étant pas suffisantes, les Romains n'ont plus eu envie de s'enrôler. Seuls des Barbares germaniques ont été engagés pour sauvegarder le pays. Par la suite, le sort de l'empire s'est trouvé entre les mains de chefs mercenaires barbares. Les derniers à avoir occupé Rome sont Alaric, Odoacre et Théodoric, qui sont tous des chefs barbares mercenaires. Rome prospérait et s'écroulait avec l'armée. Selon Tacite : « Le secret de l'Empire romain réside dans le fait que le destin de l'empereur dépend de l'armée. »

Pourquoi Rome n'a-t-elle pas pu contrôler 'l'ingérence de l'armée dans la politique ? La première raison importante est qu'il n'y avait pas de gouvernement de base à Rome et que l'armée assumait de nombreuses fonctions du pouvoir politique. Les gouverneurs de province s'appuyaient sur la puissance militaire pour maintenir l'ordre public et collecter les impôts qui étaient transformés en solde militaire. Les augmentations des armées et des impôts des provinces constituaient un cercle vicieux. Ainsi, les gouverneurs, censés représenter le pouvoir central, sont devenus des chefs de guerre locaux. Les armées des Qin et des Han ne pouvaient pas percevoir d'impôts ni gérer les affaires civiles. Sous la protection du système de fonction publique parfaite, l'armée était composée de petits agriculteurs, recrutés pendant la guerre comme soldats, et après la guerre, ils retournaient cultiver la terre. Les troupes frontalières vivaient également dans les champs, les soldats étaient en même temps agriculteurs, et ils n'ont pas constitué un groupe d'intérêt fixe comme l'armée romaine.

Étude comparative des civilisations chinoise et occidentale

La deuxième raison importante est le problème de la « conscience nationale » des soldats romains. Selon Montesquieu, en raison de la longue distance géographique entre les légions et Rome, elles oubliaient leur pays. « Après que les légions ont traversé les Alpes et la mer, les guerriers ont dû rester là où ils avaient vaincu les ennemis dans de nombreuses batailles, de sorte qu'ils ont progressivement perdu l'esprit citoyen. Les généraux dirigeant l'armée et le royaume se sentaient forts et n'avaient plus envie d'obéir à autrui. Alors les soldats ont commencé à ne reconnaître que leurs propres généraux, sur lesquels ils ont placé tous leurs espoirs, et se sont éloignés peu à peu de Rome[17]. »

C'est très différent en Chine. Le gouvernement central des Han se trouvait à 10 000 lis des régions occidentales, séparées par le deuxième plus grand désert de sables mouvants au monde. Cependant, le général Ban Chao, qui ne dirigeait qu'un millier de soldats, avec sa sagesse diplomatique et militaire, a pu reconstruire le protectorat de la Région de l'Ouest pour la dynastie des Han orientaux et ouvrir la Route de la soie. Les pays de la Région de l'Ouest et les pays voisins comme Yuezhi et l'Empire kouchan ne respectaient que lui. Il lui était absolument possible de se proclamer roi. Mais après 30 ans de gestion soigneuse de ces régions, il n'a fait qu'une demande, celle d'être enterré dans son pays natal et de quitter l'Ouest sans être escorté par un soldat ou emporter un brin d'herbe. Il a accompli ces exploits dans des circonstances politiques extrêmement difficiles. Son frère aîné Ban Gu est un historien de la même renommée que Sima Qian, il a suivi le général Dou Xian pour expulser les Xiongnu du Nord et rédige l'*Inscription du mont Yanran*. Puis, Bao Gu a été impliqué dans le scandale de Dou Xian et est mort en prison à l'âge de 61 ans. À cette époque, Ban Chao était seul dans la Région de l'Ouest, confronté à des ennemis vaincus et à des risques politiques imprévisibles. Non seulement il ne se plaignait pas de l'affaire de son frère, mais il s'est

---

17. Montesquieu, *Considérations sur les causes de la grandeur des Romains et de leur décadence*, traduit par Wan Ling (Beijing : Commercial Press, 1962), pp. 48-49.

Les dynasties Qin et Han et Rome

L'opéra musical et de danse Ban Chao – Prince des Han a été mis en scène pour la première fois dans le district de Shule, Kashgar, Xinjiang. La pièce raconte les grandes réalisations de Ban Chao qui dirige 36 guerriers pour l'unification des territoires, la détermination des frontières lointaines et la promotion de l'unité nationale au Ier siècle.

concentré sur la bataille la plus difficile qu'il a enfin gagné, soumettant les 50 pays de la région à la dynastie des Han. Après la guerre, Ban Chao a été atteint d'une maladie incurable. Il a écrit à l'empereur à plusieurs reprises pour le supplier de retourner dans son propre pays natal, mais il n'a reçu aucune réponse. Sa sœur Ban Zhao a elle aussi écrit une lettre pour demander grâce, et il a finalement été autorisé à rentrer chez lui un mois avant sa mort – « il est repassé vivant par la forteresse Yumen ». Il y a de nombreux généraux comme Ban Chao dans les deux dynasties des Han, tels que Wei Qing, Huo Qubing, Ma Yuan, Dou Rong.

Ce qui est intéressant, c'est que Ban Chao a abandonné son pouvoir et a prié son retour presque à la même époque où les chefs de guerre des frontières romaines entraient pour la première fois dans le gouvernement central. Certains disaient que les soldats romains pouvaient faire de la politique parce que le pouvoir impérial romain était une « autocratie relative », à la différence de l'« autocratie absolue » de la dynastie des Han ; il semble que la seule raison pour laquelle les soldats ne se sont pas insurgés pas était de les contraindre fortement. Sous la dynastie des Han de l'Est, après que Huangfu Song a fini par détruire les Turbans jaunes, certaines personnes lui ont conseillé de se proclamer roi, sinon, son honneur aurait été tellement grand que l'empereur se serait senti menacé et aurait risqué de le tuer. Mais Huangfu Song leur a répondu : « Je m'adonne à mon travail jour et nuit, je reste toujours fidèle à sa majesté, pourquoi devrais-je m'inquiéter de cela ? » « Si l'on est trompé par des courtisans, on sera démis de ses fonctions ou même exécuté, mais notre réputation sera mémorisée pour toujours, et l'on deviendra immortel[18]. » Il est retourné à Chang'an et a renoncé à son pouvoir militaire.

Dans l'histoire chinoise, si le pouvoir impérial n'avait aucun pouvoir coercitif, pourquoi les soldats continuaient-ils à respecter les règles ? Ils ne craignaient pas la tyrannie du pouvoir impérial, mais obéissaient volontiers à l'ordre de l'État. Bien que la Chine ait également vu des régimes séparatistes et des seigneurs de la guerre lutter les uns contre les autres, cela n'est jamais devenu le courant principal. L'esprit unifié de la civilisation chinoise a donné naissance à la tradition des « généraux confucéens ». Sous la double force du système légiste et de la conscience confucéenne, dans les temps anciens en Chine, l'armée a finalement été contrôlée par des officiers civils, assurant une stabilité à long terme. Il y a eu des changements récurrents, certes, mais cela est progressivement devenu systématique. Les sinologues étrangers reconnaissent que « le contrôle de l'armée par des officiers civils » est une autre caractéristique importante de la civilisation chinoise. Le rêve de Cicéron de « rendre l'épée soumise à la robe » s'est réalisé en Chine.

---

18. Extrait de *Hou Han shu · Bibliographie de Huangfu Song et Zhu Jun*. – Note de l'éditeur

Les dynasties Qin et Han et Rome

Porte d'armoire en bois sculpté de la dynastie des Han à la dynastie des Jin conservée au musée de Hotan. La partie supérieure du motif représente une personne tirant un éléphant, et la partie inférieure un monstre avec des cornes sur la tête en forme de dragon. Le contenu de l'image montre qu'il existe un certain échange culturel entre les Jingjue et l'Asie du Sud et l'Asie de l'Ouest.

CHAPITRE 9

LE CHRISTIANISME COMME RELIGION NATIONALE

9.1 La « Cité de Dieu » et la « Cité de la Terre »

Le thème principal des 150 dernières années de l'Empire romain d'Occident a été le christianisme.

Le christianisme primitif, originaire de Palestine au Moyen-Orient, était une simple religion de « pêcheurs et paysans ». C'était des pauvres gens dont on ne se souciait jamais dans les provinces romaines, et qui ne parlaient jamais le latin. Beaucoup de chrétiens ne prenaient pas à cœur Rome, ils étaient « frères du royaume de Dieu », et non « citoyens du royaume de la terre ». Ils refusaient d'assumer le service militaire, d'exercer des fonctions publiques, d'offrir des sacrifices aux dieux de Rome, et de se prosterner devant la statue de l'empereur.

Le polythéisme natif de Rome, sans normes morales sérieuses[1], ne pouvait pas freiner la dépravation de la société romaine, qui découlait de la richesse. La jouissance personnelle débridée était devenue une mode

---

1. Augustin d'Hippone, *La Cité de Dieu*, traduit par Wang Xiaochao (Beijing : People's Publishing House, 2006), p. 53.

Étude comparative des civilisations chinoise et occidentale

sociale, les responsabilités du mariage et de la famille se sont désintégrées complètement. L'État a même été obligé de s'appuyer sur la législation pour imposer de lourdes sanctions au célibat, et de compter sur la promotion des fonctionnaires pour récompenser les enfants nés dans le cadre du mariage. Le polythéisme est passé de la religion au divertissement[2]. Les riches dépensaient de l'argent pour sacrifier aux dieux et les gens participaient à la cérémonie pour se divertir. S'ils avaient des soucis, ils recouraient aux dieux ; sinon, ils s'amusaient.

Plus Rome se dégradait, plus le christianisme était honoré. L'État romain ignorait les pauvres, les orphelins, les veuves, les handicapés et les patients, seuls les chrétiens s'efforçaient de nourrir les personnes âgées, les enfants, de soutenir les pauvres et les défavorisés, de s'occuper des malades et victimes de la peste. Après, non seulement les roturiers, mais aussi les élites avec un peu d'idéalisme ont commencé à croire en christianisme. Par exemple, Ambroise, un aristocrate devenu gouverneur d'Italie à l'âge de 30 ans, a renoncé à son poste officiel après être devenu religieux et a distribué sa richesse aux pauvres et à l'Église. Par exemple, François, né dans une famille aisée italienne, a vendu sa propriété, mis des robes en toile de sac et recuilli des dons pieds nus avec un bol. D'où le nom du mouvement franciscain.

Le polythéisme se targuait de libéralité religieuse. 10 000 dieux étaient célébrés dans le panthéon, mais les prêtres des différents dieux restaient indépendants et il n'y avait pas d'unité dans la diversité. Le christianisme, de son côté, était strictement discipliné, avait établi des organisations de base dans des villes reculées et des zones barbares, et admettait un grand nombre de croyants dans l'armée et la cour, formant un « État invisible » croissant au sein du corps de Rome.

Au début, Rome, terrifiée par ce pouvoir organisationnel et spirituel aussi fort, a procédé à des meurtres et des persécutions pendant 300 ans.

---

2. Theodor Mommsen, *Roemische Geschichte*, traduit par Li Jianian (Beijing : Commercial Press, 2017), p. 184.

Les dynasties Qin et Han et Rome

En 313, Constantin Ier a changé sa stratégie en adoptant une attitude tolérante, reconnaissant la légalité du christianisme et conférant même aux évêques le pouvoir judiciaire, dans l'espoir d'unir « César » et « Dieu ». En 392, l'empereur Théodose Ier a fixé officiellement le christianisme comme religion d'État, détruisant le fondement du polythéisme.

Pourquoi Rome fait-elle du christianisme la « religion d'État » ? Certains historiens disent que c'était pour gagner le soutien des classes inférieures et des soldats ordinaires. D'autres estimaient qu'il y avait trop de dieux dans le polythéisme ; chaque général qui se soulevait pouvait se prétendre le descendant d'un certain dieu, alors que le monothéisme était propice à façonner le pouvoir impérial absolu. Quoi qu'il en soit, les souhaits des empereurs romains ont échoué.

Quarante ans après la légalisation du christianisme par Constantin (en 354), un enfant est né dans une famille de fonctionnaires romains dans la province romaine nord-africaine de la Numidie. Suivant le modèle élitiste romain, l'enfant étudiait systématiquement le latin, le grec, l'éloquence et la philosophie, et était particulièrement fasciné par les épopées de Virgile et les théories politiques de Cicéron. Lors de sa première lecture de la Bible, il la rejetait à cause du « langage vulgaire » : « Ce livre est vraiment stupéfiant par rapport à l'écriture élégante de Cicéron[3]. » Il a mené des recherches approfondies sur le néoplatonisme et a embrassé brièvement le manichéisme, dans les deux cas avec sa sagesse à la romaine. Dans sa vie privée, il a également suivi la mode romaine – il a eu un enfant illégitime hors mariage avec une femme de classe inférieure.

À l'âge de 30 ans, il s'est rendu à Milan pour travailler comme orateur public à la cour de l'empereur romain Valentinien II, glorifiant l'empereur et prêchant la politique. Le vieil homme d'État romain Symmaque le considérait comme « l'héritier des flammes » de la civilisation gréco-romaine classique. Cependant, une vie aisée, des pensées libres, un environnement

---

3. Augustin d'Hippone, *Les Confessions*, traduit par Zhou Shiliang (Beijing : Commercial Press, 1996), p. 41.

détendu et un seuil très bas de moralité personnelle ne pouvaient pas combler le vide dans son cœur. Lorsqu'il a relu la Bible « vulgaire », il a vécu un « moment de révélation » indescriptible. Depuis lors, il est devenu le plus grand théologien chrétien Augustin. Il a utilisé les connaissances gréco-romaines qu'il avait apprises pour développer la doctrine chrétienne originale en un vaste système théologique. Avec ses idées de péché originel, de grâce divine, de prédestination et de volonté libre, il est devenu le point culminant de la patristique. Presque toute la théologie occidentale du Moyen Âge sert de notes de bas de page pour les œuvres d'Augustin.

Augustin, connu comme l'élite représentative de la civilisation classique, est retourné pour liquider les civilisations grecque et romaine. Il s'est dévoué aux théories politiques de Cicéron, mais après sa conversion, il a déclaré que Cicéron n'était qu'un « philosophe à moitié réussi » ; il a pleuré en lisant l'épopée de Virgile et l'a nommé « notre poète à nous », mais après, il a rebaptisé Virgile « leur poète à eux » ; il a été ému par le héros dans *L'Énéide*, mais après, il a estimé que le dieu ancestral sauvé par l'ancêtre romain Énée des ruines de Troie n'était pas capable de protéger la ville, comment pouvait-il protéger Rome ?

En 410, Alaric, roi des Wisigoths, a occupé et saccagé Rome pendant trois jours et trois nuits. Cette tragédie a été nommée « la destruction de la ville éternelle ». Dans la société civile romaine, des gens pensaient qu'il s'agissait d'une « punition » en raison de l'abandon du polythéisme et de l'adoption du christianisme étranger. Augustin a saisi l'occasion pour écrire *La Cité de Dieu* pour réfuter cette opinion et nier complètement la civilisation romaine. Selon lui, Romulus, fondateur de la ville de Rome, a tué son frère pour gagner le royaume et a semé les graines de la défaite dès le début ; les dieux du soleil, de la guerre et de la beauté de Rome n'ont pas réussi à empêcher la corruption morale des Romains, ni à résister aux invasions barbares, ils ont été inutiles[4]. Il a cité le *De Republica* de Cicéron,

---

4. Augustin d'Hippone, *La Cité de Dieu*, traduit par Wang Xiaochao (Beijing: People's Publishing House, 2006), p. 79.

Les dynasties Qin et Han et Rome

reprochant à Rome de ne jamais avoir réalisé la justice, ou « la cause du peuple[5] » ; donc Rome n'était pas une république, mais une bande élargie[6]. Il a nié même complètement l'esprit « Pro patria mori » des premiers guerriers romains, estimant que toute gloire devait être attribuée à Dieu. Même la tempérance, la prudence et la persévérance au début de Rome n'étaient pas des vertus, seuls la foi, l'espérance et l'amour chrétiens l'étaient.

Augustin a conclu que la chute de Rome était une punition infligée à elle-même et que l'espoir ultime des chrétiens était la Cité de Dieu. Et l'Église était le représentant de la Cité de Dieu.

9.2 Le « mal de l'État » et le « bien de l'État »

Pourquoi Augustin a-t-il qualifié l'État romain de « bande de voleurs » ? Prenant en compte la forme organisationnelle de l'Empire romain comme une « société holding », le gouvernement central chaotique de 200 ans, ainsi que l'abandon du peuple de base par les élites, Augustin a, en quelque sorte, eu raison de faire cette description ironique de la fin de Rome.

Cependant, sous l'angle chinois, Rome, aussi mauvaise soit-elle, reste la mère patrie. Si l'on déteste sa corruption, ne devrait-on pas réformer le système et reconstruire l'esprit pour en refaire un grand pays ? Lors de l'envahissement des tribus étrangères, n'aurait-on pas dû immédiatement s'enrôler pour défendre le pays, puis poursuivre la vérité de l'univers une fois que le monde était en paix ? Comment pouvait-on tout abandonner et tout renverser avant d'assumer la responsabilité de réformer le pays ? Après tout, bien que le christianisme ait été considéré comme la religion d'État de Rome, il n'a jamais été lié par le sang avec la cité.

---

5. Augustin d'Hippone, *La Cité de Dieu*, traduit par Wang Xiaochao (Beijing : People's Publishing House, 2006), pp. 76-77.

6. Augustin d'Hippone, *La Cité de Dieu*, traduit par Wang Xiaochao (Beijing : People's Publishing House, 2006), p. 144.

Étude comparative des civilisations chinoise et occidentale

C'est une autre différence entre la dynastie des Han et Rome. D'un côté, l'éthique morale de la politique confucéenne était plus stricte que celle du polythéisme romain, et il était de la responsabilité naturelle des politiciens de « soutenir les veufs, veuves et personnes qui habitaient seules » ; de l'autre côté, l'administration de base des légistes était meilleure que « la société holding », que ce soit les élites ou les roturiers, ils ne prenaient jamais l'État pour « une bande de voleurs injustes ». Cela ne se réalise pas par la prédication. Ce n'est qu'après avoir vu ce qu'est un « bon pays » dans la réalité, que le peuple en garde naturellement des souvenirs impérissables.

Le monothéisme a eu du mal à se développer en Chine comme à Rome, parce que les croyances confucéennes couvrent les principes du Ciel et des relations humaines ; l'organisation de la fonction publique reliait l'élite et le peuple, ne laissant pas de place au monothéisme comme à Rome. Ce qui est plus important, c'est que les confucianistes respectaient les fantômes et les dieux et construisaient le pays avec une rationalité humaniste ; la civilisation chinoise est une civilisation ancienne rare qui n'est pas basée sur la religion. Une fois que toutes les religions étrangères entraient en Chine, elles devaient se débarrasser de leur fanatisme et coexister harmonieusement sous l'ordre national. Au même moment où le christianisme a été introduit à Rome, le bouddhisme s'est diffusé en Chine. 300 ans plus tard, lorsque les Cinq Barbares (« Hu ») entrent en Chine, la plupart des régimes Hu du Nord croyaient au bouddhisme, et tous les empereurs Hu ont pris l'initiative de choisir le confucianisme dans la Plaine centrale comme idéologie officielle, et ont cherché à devenir le vrai héritier de la nation, et aucun d'entre eux n'a fait de la Chine un pays bouddhiste. À la différence de Rome qui a gardé une attitude frivole envers le christianisme – elle l'a réprimé ou accepté intégralement – la Chine a absorbé et digéré le bouddhisme qui a été assimilé à la culture chinoise pour devenir le « zen » chinois.

En Chine, il était difficile d'avoir un érudit religieux comme Augustin, car la Cité de Dieu chrétienne pouvait exister en dehors du monde humain, mais la voie du Ciel en Chine ne comptait que lorsqu'elle se réalisait ici-bas.

Les élites intellectuelles confucéennes peinaient à admettre que la religion surpassait l'État ; elles considéraient plutôt qu'il était « injuste » de « s'évader du monde » lorsque l'État était en difficulté. « Il est injuste de fuir le monde, alors je me retire à plusieurs reprises mais je n'abandonne jamais ; je prends la responsabilité de la bienveillance, je serai persévérant même si la route est longue et difficile. » La conscience confucéenne fusionnait déjà avec l'État. L'« Église » confucéenne était l'État lui-même. Infiltrées par l'esprit confucéen, toutes les religions chinoises s'identifiaient profondément aux « valeurs nationales ». Le taoïsme, originaire de Chine, a toujours conçu un projet de paix mondiale. Le bouddhisme sinisé a également soutenu que si les dirigeants gouvernaient bien le pays, leurs mérites et vertus n'étaient rien de moins que ceux d'un moine respectueux. En plus de la notion d'État, il y a aussi celle de philosophie. La philosophie grecque préchrétienne englobait à la fois l'individu et le collectif. Cependant, après mille ans de suppression théocratique au Moyen Âge, la « conscience individuelle » après la Réforme protestante a rebondi à l'autre extrême. Depuis lors, la philosophie occidentale a été obsédée par la « conscience individuelle » et l'« opposition au collectif ». Dans la civilisation chinoise, aucun pays n'était basé sur la religion. Il n'y avait pas d'oppression théocratique ni d'obsession pour les individus, donc la philosophie chinoise accordait plus d'attention à l'ordre général.

À la fin de la dynastie des Han de l'Est en Chine, le chaos n'était pas moindre que celui de Rome. Au niveau supérieur, les eunuques, les parents royaux et les courtisans traîtres se sont disputés le pouvoir à tour de rôle ;

Après la séparation du christianisme de l'État romain, les intellectuels romains restants ont cessé de réciter Virgile et Cicéron ; l'art de l'épée et la Bible sont devenus la base de la promotion à une fonction plus haute ; et l'évêché permettait de gagner en statut et en pouvoir. Les aristocrates locaux de Rome ne s'attachaient plus à la « renaissance de Rome », mais sont immédiatement devenus de nouveaux propriétaires féodaux. Seule une petite partie de la culture romaine a survécu. Il n'y a plus eu de Rome dès lors.

Étude comparative des civilisations chinoise et occidentale

au niveau inférieur, un million de Turbans jaunes se sont insurgés contre le gouvernement central. À cette époque, dans la grande salle impériale, il y avait toujours un groupe de ministres et d'érudits fidèles tels que Yang Zhen, Chen Fan, Li Ying, Li Gu et Fan Pang ; ils ne se souciaient pas de leur sécurité personnelle, tels des lumières solitaires dans la nuit noire, mais sont finalement morts pour rien. En dehors du palais impérial, ont également émergé des héros ordinaires comme Liu Bei, Guan Yu et Zhang Fei, qui assumaient la responsabilité vis-à-vis de leur pays. Ils n'ont jamais abandonné la patrie, ni la moralité, et constituaient le courant dominant des savants et roturiers chinois. Les empereurs étourdis et les courtisans traîtres dans l'histoire chinoise n'ont jamais bloqué ce courant. Ce courant, qui n'a pas changé le résultat de la disparition des deux dynasties des Han, a néanmoins fait ressortir une valeur. Quiconque voulait monter sur le trône était supposé la respecter. La foi du peuple force les héros à choisir.

Certains disent que la philosophie chinoise n'a pas donné naissance à l'indépendance et à la liberté à l'occidentale, et que cela est devenu un défaut spirituel entravant la modernisation politique chinoise. En fait, l'esprit de « liberté négative » consistant à « traiter l'État comme le mal » dans la politique occidentale moderne ne provient pas des Lumières, mais de la séparation de la « Cité de Dieu » et de la « Cité de la Terre » dans le christianisme. Ce dernier considérait « l'État romain » comme un mal. Plus tard, l'Église catholique a également été perçue comme « maléfique » et a été attaquée dans la Réforme protestante. Hormis Dieu, dans ce monde où « tous les hommes sont pécheurs », aucune organisation « humaine » n'a le droit de diriger les autres. Du « gouvernement limité » sous la plume de John Locke pour protéger les droits de propriété privée, au gouvernement qui ne joue que le rôle d'un « veilleur de nuit » chez Adam Smith, en passant par le « gouvernement au contrat social » préconisé par Rousseau basé sur la volonté publique, tous servent à prévenir le mal de l'État.

Dans la civilisation chinoise, on croit au « bien de l'État ». Les confucianistes sont persuadés que l'homme est de nature bonne ou

Les dynasties Qin et Han et Rome

L'oiseau à deux têtes est appelé « oiseau de la vie commune » dans le bouddhisme, et « pihis » en Chine. Sous la dynastie des Han de l'Est, l'image de l'oiseau pihis a évolué de deux oiseaux volant côte à côte à l'oiseau avec un corps mais à deux têtes. La photo montre la sculpture sur bois de l'oiseau pihis conservée au musée de Hotan. Cette sculpture est une œuvre représentative des échanges culturels sur la Route de la soie, marquant les échanges entre la civilisation de la Plaine centrale et celle d'Asie centrale.

mauvaise ; tant qu'on suit les sages et qu'on se débarrasse du mauvais côté de la nature, on peut toujours se perfectionner et créer un pays meilleur. Le concept du « bien de l'État » n'est pas né de nulle part, tout comme celui du « mal de l'État ». Le souvenir des temps prospères des deux dynasties des Han, caractérisées par l'harmonie entre le confucianisme et le légisme, a transmis aux générations futures la croyance du « bon pays ».

CHAPITRE 10

CONCLUSION

Selon Lü Simian, « les dynasties des Qin et Han sont la période clé du passage de l'Antiquité au présent. » Cette transformation est saluée par certains comme « un progrès du féodalisme vers les préfectures et districts », tandis que les détracteurs la calomnient comme « le début du despotisme oriental ».

La notion de « despotisme oriental », à l'origine définie par Aristote, se réfère au fait que le monarque détenait un pouvoir illimité et traitait son peuple à volonté sans obéir aux lois, tel un maître face à ses esclaves. Mais à cette époque, l'Orient aux yeux de la Grèce et de Rome se bornait à l'Égypte et à la Perse ; dans la tête de l'Europe médiévale, l'Orient se limitait à l'Inde et à la Mongolie ; on ne connaissait presque rien de la Chine qui était « à l'est de l'Orient ». Cependant, plus de 20 ans avant qu'Aristote ne mette en avant la doctrine d'« autocratie », Shang Yang, au cours de sa grande réforme, avait déjà réalisé (en 350 avant J.-C.) le système de préfectures et districts selon lequel il « numérotait les ménages et les personnes » et « standardisait tout dans les lois ».

L'Europe a d'abord découvert la Chine à travers les informations rapportées par les missionnaires des dynasties des Ming et des Qing, ce qui a engendré un « engouement pour la Chine » de courte durée. Au bal

Étude comparative des civilisations chinoise et occidentale

du château de Versailles, le roi de France portait des vêtements chinois ; les habitants de la Seine appréciaient des ombres chinoises ; des dames élevaient des poissons rouges et montaient sur des chaises à porteurs. Cela a déclenché un débat entre deux courants de pensée. Le « courant de grande estime envers la Chine » qui était représenté par Voltaire. Il envisageait de « réorganiser le système en imitant la Chine ». Il avait nommé sa salle d'études « Temple de Confucius », et s'était donné le pseudonyme de « Maître du Temple de Confucius » ; Leibniz trouve que « les examens officiels impériaux » de la Chine étaient similaires au « gouvernement du pays par le roi philosophique » de Platon ; Quesnay estime que « le système chinois était basé sur des lois raisonnables et sûres, que l'empereur devait observer attentivement ». Le « courant de dénigrement de la Chine » qui était dirigé par Montesquieu. En vue de s'opposer à la « royauté absolue » du roi de France, il s'est servi du cas chinois qu'il présentait comme un modèle d'autocratie orientale. Le même règne d'un roi était appelé « monarchie » dans les pays occidentaux, mais « despotisme » en Chine, c'est parce que, selon lui, la noblesse et l'église limitaient les rois européens, contrairement à la Chine. Montesquieu ne connaissait pas le rôle contraignant du grand système de la fonction publique vis-à-vis du chef de l'État (« le pouvoir impérial et les savants-fonctionnaires se partageaient le monde »), ni les conceptions institutionnelles telles que la division du pouvoir des ministres, l'administration de sceaux, la surveillance des historiens et les remontrances des fonctionnaires. Ce qui différencie fondamentalement le système du gouvernement chinois de celui des pays occidentaux, ce sont le système de fonctionnaires civils et le pouvoir politique de base. Montesquieu critiquait également la Chine et l'Empire tatar sous la même catégorie de « despotisme oriental ». Il prétendait que même la tyrannie monarchique de l'Occident était de loin supérieure au « despotisme oriental[7] ». Plus tard, Hegel a inventé

---

7. « Les Tatars ont établi l'esclavage et le despotisme dans les pays soumis ; les Goths ont fondé la monarchie et la liberté partout après avoir conquis l'Empire romain. »

Les dynasties Qin et Han et Rome

la vision historique selon laquelle l'histoire commence en Orient et se termine en Occident ; l'Orient était naturellement arriéré, stagnant et asservi, alors que l'Occident était de nature progressiste, libre et civilisée. Parmi tous ces « maîtres » qui ont commenté la Chine, à part les ouï-dire auprès des missionnaires, aucun n'était allé en Chine, ne comprenait le chinois, n'avait étudié l'histoire chinoise en chinois, et ne pouvait même pas distinguer combien il y avait de « civilisations orientales ». Leur faible compréhension du système politique chinois était pourtant prise au sérieux par de nombreux Chinois.

En plus de la déclaration du « despotisme oriental », les maîtres ont commis d'autres erreurs sur la Chine. Par exemple, Max Weber estime que la Chine était un « système bureaucratique de propriété familiale », que les fonctionnaires étaient tous les vassaux des monarques ; que la Chine n'avait pas établi de système financier unifié ; que les intellectuels passaient des examens impériaux afin d'investir dans les « salaires officiels », qu'ils s'attendaient à devenir « responsables des impôts » et à mettre tout le reste du quota fiscal dans leurs propres poches. Cela ne correspond pas aux faits historiques. Depuis la dynastie des Han, les institutions financières étaient divisées en finances publiques (*Dasinong*) et finances royales (*Shaofu*). L'empereur ne payait jamais les salaires avec de l'argent privé et les fonctionnaires n'étaient pas les vassaux de l'empereur. À partir de la dynastie des Qin, la collecte des impôts a été effectuée par les collecteurs de base au niveau des districts et des cantons, et les « responsables des impôts » n'ont jamais existé dans les dynasties de grande unification. La scène décrite par Weber traduit entièrement la relation entre l'empereur romain et ses vassaux, l'armée et les contribuables. Les historiens chinois n'ont pas l'occasion de corriger ces erreurs, car l'Occident écoute rarement la Chine. Pendant des siècles, la modernisation a toujours été centrée sur l'Occident, et la Chine est restée marginale, prête à être transformée

---

Montesquieu, *De l'esprit des lois (Tome 1)*, traduit par Zhang Yanshen (Beijing, Commercial Press, 1959), p. 331.

Étude comparative des civilisations chinoise et occidentale

et éduquée. La raison pour laquelle les pays occidentaux attachent de l'importance à la Chine aujourd'hui s'explique uniquement par le fait que l'industrialisation de la Chine a réussi à les faire regarder en arrière.

Nous ne pouvons pas nous connaître nous-mêmes derrière le centrisme occidental. Depuis les temps modernes en Chine, de nombreux réformateurs ont également hésité entre la « liberté » et la « dictature ». Par exemple, Liang Qichao, après l'échec de la Réforme des Cent Jours, a écrit successivement les articles « Propositions pour la discussion du système autocratique » et « Histoire de l'évolution de la politique autocratique chinoise ». D'un côté, il déclare que « la politique autocratique est l'ennemi public des Chinois » et incite le peuple à « le détruire en poudre » ; de l'autre côté, il admet que les examens officiels impériaux et le système de préfectures et districts avaient un aspect positif – l'empereur et ses sujets collaboraient pour prendre le pouvoir aux familles aristocratiques et des seigneurs féodaux, ce qui était complètement différent de l'histoire féodale des aristocrates européens. Plus tard, lorsqu'il s'est rendu aux États-Unis, il a entendu les deux discours de Theodore Roosevelt sur l'expansion de la marine, dans lesquels le président américain soulignait que « la Chine est vieille et mourante, que les puissances européennes devraient exercer leur pouvoir sur le continent de l'Asie de l'Est, et les États-Unis peuvent étendre leur territoire en même temps. » Ces propos ont choqué Liang Qichao qui est resté éveillé toute la nuit, et « effrayé pendant des jours et des jours » (*Journal de voyage au nouveau Monde*, en 1903). Il écrit ensuite un autre article intitulé *Sur l'autocratie éclairée* (en 1906), affirmant que le confucianisme, le légisme et le moïsme étaient tous des « autocraties éclairées » ; le confucianisme et le moïsme mettaient l'accent sur les bases du peuple, comme les idées de Wolf et de Hobbes ; alors que les légistes prenaient acte des bases de l'État, ressemblant à Bodin et Machiavel. Les contradictions et les changements de Liang Qichao reflètent la mentalité douloureuse de nombreux intellectuels chinois qui, d'une part, voulaient suivre la civilisation occidentale pour se transformer, d'autre part, n'acceptaient pas la loi occidentale de la jungle.

Les dynasties Qin et Han et Rome

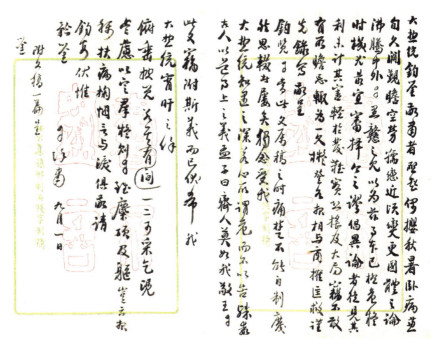

Lettre de Liang Qichao à Yuan Shikai contre sa restauration de l'empire

Revenons au thème principal de ce chapitre. Les Qin et Han et Rome, sont deux voies de civilisation différentes, chacune avec ses hauts et ses bas. Nous ne pouvons pas comparer les pics d'autrui avec nos propres vallées, pas plus que nous ne devons comparer nos propres pics aux vallées des autres. Nous devons apprécier les avantages d'autrui, et tirer leçon de leurs lacunes, puis chercher les moyens de nous améliorer. L'histoire chinoise est loin d'être parfaite, sinon elle n'aurait pas subi des défaites écrasantes à l'époque moderne ; la civilisation chinoise a encore besoin de se transformer et se perfectionner, afin de refléter véritablement sa capacité à suivre le rythme du temps.

La valeur unique de Rome était de créer de la vitalité dans des conflits limités. L'historien romain Lintot a dit : « Cette société permettait à ses citoyens les plus compétents un large espace pour se réaliser et s'élever. Ce que cette société acceptait, c'est qu'à l'intérieur des limites, un conflit

Étude comparative des civilisations chinoise et occidentale

dynamique pouvait être créatif. » L'échec de Rome ne réside pas dans les conflits, mais dans la perte de limites de ces conflits ; et il n'y avait pas « d'unité » pour réguler cette situation, ce qui a finalement conduit à la grande division. L'essence de la « politique de conflits » est que l'unité nécessite des ennemis étrangers. Les historiens occidentaux pensent qu'une fois que le régime politique romain a éliminé les ennemis étrangers et atteint une domination sans précédent, tous les facteurs d'équilibre ont commencé à franchir la « frontière » et à s'effondrer. Le déclin de Rome se voyait déjà après la conquête de Carthage.

La valeur unique des dynasties des Qin et Han réside dans la coexistence de l'unité et de la diversité. L'unité garantit la cohésion et la diversité assure la vitalité. Il est difficile de les maintenir simultanément. Lorsque l'unité submerge complètement la diversité, apparaît alors l'immobilisme. Quand la diversité l'emporte sur l'unité, l'État risque d'être divisé. La dynastie des Qin est tombée dans « l'écrasement du légisme », la dynastie des Han de l'Ouest dans « la domination écrasante du confucianisme », et la dynastie des Han de l'Est dans la scission simultanée entre les classes supérieures et inférieures. Comment contrôler « l'unité » et « la diversité » de manière équilibrée est la question éternelle de la politique chinoise.

Dans le monde réel, aucun système politique ne peut réussir sur la base du système lui-même. Que le système fonctionne bien ou non dépend des personnes qui le mettent en place. Par conséquent, la véritable vitalité de chaque système réside dans sa capacité de cultiver en permanence des personnes susceptibles non seulement de défendre les valeurs fondamentales, mais aussi de combler les lacunes de ces valeurs. Aujourd'hui, la question est de savoir si nous pouvons former une jeune génération capable d'embrasser la diversité du monde et tout en restant fidèle à sa propre identité.

La Chine n'est pas la seule civilisation ancienne. D'autres civilisations anciennes se développent également avec hésitation entre la « modernisation » et le « réexamen d'elles-mêmes ». Elles achèveront sûrement la modernisation et commenceront à raconter les valeurs anciennes temporairement

Les dynasties Qin et Han et Rome

Ruines de la Grande Muraille de la dynastie des Han dans la province du Gansu

Étude comparative des civilisations chinoise et occidentale

obscurcies par la modernisation. Si la Chine peut converser avec les civilisations occidentales, cela ouvrira un raccourci permettant à toutes les civilisations anciennes de s'intégrer et d'échanger les unes avec les autres.

L'Orient et l'Occident reposent tous deux sur leur propre patrimoine historique, et il est impossible à quiconque de tout renverser et de tout recommencer. Mais nous pouvons encore échanger nos opinions.

TROISIÈME PARTIE

L'entrée des Cinq Barbares en Chine et les invasions barbares en Europe

L'entrée des Cinq Barbares en Chine et les invasions barbares en Europe

Entre 300 et 600, la Chine et Rome ont de nouveau été confrontées à des situations historiques similaires – la décadence du pouvoir central, les grandes invasions des groupes ethniques environnants.

En Chine, les cinq ethnies de Xiongnu, Xianbei, Jie, Di et Qiang (les fameux « Cinq Barbares ») qui ont vécu au Nord se sont déplacées au Sud pour créer successivement leur pouvoir. À Rome, des ethnies germaniques, dont les Wisigoths, Ostrogoths, Vandales, Burgondes, Francs et Lombards, ont déclenché des invasions par vagues successives et ont construit des « royaumes barbares ».

Des trajectoires historiques similaires ont pourtant produit des résultats complètement différents.

Parmi une dizaine de régimes des Cinq Barbares en Chine, les Qin antérieurs de l'ethnie Di et les Wei du Nord de l'ethnie Tuoba des Xianbei ont unifié tout le Nord. En dépit des différends et des divisions répétés, l'intégration interne a été réalisée, à travers la fusion de la dynastie du Sud symbolisant la voie juste, la transmission de la forme nationale gigantesque de la centralisation des dynasties des Qin et Han, et le développement des dynasties unifiées des Sui et des Tang combinant les Hu et les Han.

Pendant les centaines d'années de combat entre les royaumes barbares européens, bien que certains, comme le royaume des Francs, aient réalisé temporairement l'unification de l'Europe occidentale et cherché à hériter de l'Empire romain d'Occident, l'Europe a enfin été fragmentée en pays

Étude comparative des civilisations chinoise et occidentale

féodaux à cause de la logique interne divisionnaire, qui se sont à peine maintenus avec la force de l'unité spirituelle de « l'Église universelle ».

Ce carrefour historique reflète une fois de plus les différents chemins de la Chine et de l'Occident en ce qui concerne les concepts ethniques et le système politique. La logique de ces deux civilisations est particulièrement cruciale.

CHAPITRE 11

L'ENTRÉE DES CINQ BARBARES EN CHINE

11.1 Les batailles dans la migration vers le Sud

Le sort de la Chine et de Rome a été modifié avec une bataille au mont Yanran en 89.

Après cette bataille, les Xiongnu du Nord se sont déplacés à l'ouest en Europe, conduisant aux futures invasions des frontières romaines par les tribus germaniques ; les Xiongnu du Sud se sont dirigés vers le sud dans la Plaine centrale, inaugurant ainsi l'entrée des Cinq Barbares en Chine.

En 2017, les archéologues chinois et mongols ont découvert *L'inscription du mont Yanran* écrite par Ban Gu afin de commémorer la victoire des Han contre les Xiongnu. Ceux qui s'attachent à la dynastie des Han se félicitent souvent de cette « Statue de Yanran » en criant : « On lutte contre tous ceux qui envahissent la dynastie des Han, quelle que soit la distance géographique. » Mais la réalité est que les Xiongnu du Sud ont d'abord détecté l'agitation interne des Xiongnu du Nord et proposé aux Han d'y

Étude comparative des civilisations chinoise et occidentale

envoyer des troupes[1]. Parmi les 46 000 cavaliers dirigés par Dou Xian, 30 000 venaient des Xiongnu du Sud et la moitié du reste des Qiang[2]. On peut dire que les groupes nomades qui descendaient au Sud et qui étaient conduits par la dynastie des Han ont forcé les Xiongnu du Nord à se déplacer vers l'Ouest.

Cette scène s'est répétée dans les générations suivantes. Sur le côté en langue turque de la « Statue Kul Tigin », répertoriée par les chercheurs turcs comme l'ancêtre des objets culturels de leur civilisation, le Khan turc se plaint : « Pourquoi les Ouïghours ont-ils coopéré avec les Tang pour nous assiéger ? Pourquoi les groupes nomades des prairies ont-ils toujours été obligés de migrer vers la Plaine centrale ?[3] »

La société nomade n'est-elle pas unie ? Mais si. Du point de vue du climat géographique et climatique, quand la vague de froid est arrivée sur la prairie, les groupes nomades du Nord ont migré vers le Sud. En ce qui concerne les ressources, les zones des prairies n'étaient capables de nourrir qu'un dixième de la population par rapport aux zones agricoles ; les groupes nomades devaient obtenir des céréales, du thé et du lin en soie auprès de la Plaine centrale pour survivre et développer le commerce. L'une des fortes attractions de la Plaine centrale pour les groupes ethniques environnants était l'agriculture et l'artisanat avancés[4]. Contrairement aux ethnies du Nord qui se sont déplacées vers l'Ouest, celles au sud du désert ont préféré s'intégrer à la Plaine centrale. Elles partageaient le réseau de transport du nord de la Chine avec les zones centrales, et étaient plus enclines à acquérir

---

1. Fan Ye, *Hou Han shu · Bibliographie des Xiongdu du Sud*, annoté principalement par Li Xian (Beijing : Zhong Hua Book Company, 1965), p. 2952.

2. Fan Ye, *Hou Han shu · Bibliographie de Dou Xian*, annoté principalement par Li Xian (Beijing : Zhong Hua Book Company, 1965).

3. Han Rulin, *Annotations et interprétations de la Statue Kul Tigin en langue turque*, direction de la publication du Bureau national des recherches de Beiping, version plomb, 1935.

4. Fei Xiaotong, « L'unité dans la diversité de la nation chinoise », *Journal of Beijing University (Philosophy and Social Science Edition)*, no. 4 (1989).

L'entrée des Cinq Barbares en Chine et les invasions barbares en Europe

de la nourriture pendant des années de famine, de négocier à plus faible coût, pour constituer ainsi plusieurs communautés économique et sociale. Au fil du temps, de la géographie à l'économie, du folklore à la langue, de la culture aux institutions, 1 500 ans plus tard, une communauté politique en Asie du Nord-Est s'est finalement formée.

Après la bataille au mont Yanran, les Xiongnu du Sud ont pénétré dans le territoire des Han et mené leur vie nomade dans les préfectures du Nord du pays. Selon la politique de la dynastie, ils n'avaient pas à payer d'impôts, mais devaient accepter la gestion civile dans le cadre du système de préfectures et districts[5]. Aujourd'hui, au Ningxia, au Qinghai, en Mongolie intérieure, au Shaanxi et au Shanxi, des cimetières des Xiongnu du Sud ont été découverts, dont certains sont de style Han, d'autres de style des prairies. Dans la province du Qinghai, a été fouillé le sceau en cuivre[6] d'un chef des Xiongnu nommé « officier de la dynastie des Han », témoignant de la fusion des deux cultures. Avant et après la migration des Xiongnu du Sud, il y avait également les Di et Qiang du Nord-Ouest, les Xianbei du Nord-Est et les Jie au nord du désert. Dans la dernière période des Trois Royaumes, en raison de la diminution de la population de la Plaine centrale, les Wei et les Jin n'ont cessé de « recevoir les Cinq Barbares ». En cent ans, plusieurs millions de personnes ont déménagé, dont 700 000 Xiongnu, 800 000 Qiang, 1 000 000 Di, 2 500 000 Xianbei[7]. Après la « guerre des

---

5. Fang Xuanling (dir.), *Livre des Jin · Bibliographie des quatre pays barbares* (Beijing : Zhong Hua Book Company, 1984), p. 2548.

6. En 1973, un sceau en cuivre avec un siège carré et un chameau est découvert dans le tombeau n° 1 du village de Sunjiazhai, canton de Houzihe, district de Datong, province du Qinghai. Les huit caractères (« Guiyi des Xiongnu des Han ») inscrits sur le sceau signifient que cet objet a été offert par le gouvernement central de la dynastie des Han orientaux au chef des Xiongnu. « Guiyi » est le titre conféré par le gouvernement des Han aux chefs des ethnies environnantes subordonnées.

7. Zhu Dawei, « Statistiques de la population des différentes ethniques intégrées aux Han pendant les Seize Royaumes et la dynastie du Nord », *Commentaires de Zhu Dawei sur les dynasties Wei, Jin, du Sud et du Nord* (Shanghai : Shanghai Science and Technology Literature Publishing House, 2009).

Étude comparative des civilisations chinoise et occidentale

Huit Princes » sous la dynastie des Jin de l'Ouest, la population totale du Nord s'élevait à 15 millions d'habitants, dont un tiers étaient des Han. Certains pensaient à tort que la « sinisation » équivalait à « l'assimilation », que les « grands groupes ethniques » modifiaient le mode de vie des « petits groupes ethniques » par leur supériorité numérique[8]. Mais la réalité est que les groupes des Cinq Barbares avaient des avantages en matière de force militaire et de population[9]. Ils auraient pu garder leur habitude nomade dans la Plaine centrale, ou « naturaliser » les hommes Han, mais ils ont volontiers choisi la voie de la sinisation.

11.2 La voie de la sinisation

La voie de la sinisation a été ouverte par les Xiongnu du Sud.

Le premier des Cinq Barbares à établir une dynastie et à détruire le régime des ethnies Han (dynastie des Jin occidentaux) a été Liu Yuan des Xiongnu du Sud. C'était l'arrière-petit-fils de Qiangqu Chanyu, qui a changé de nom en raison de l'alliance conjugale entre les Han et les Xiongnu. Enfant de nobles, Liu Yuan a étudié au sein de la cour de la dynastie des Jin. Il a lu de nombreuses œuvres classiques, entre autres, *Commentaires de Mao, Shangshu, Shiji, Han shu*, et il a préféré *Zuozhuan* et *L'Art de la guerre*. Il s'est déclaré roi au Shanxi, mais il n'avait pas envie de restaurer la carrière des Xiongnu du Nord. Il a insisté pour utiliser « Han » comme le nom de royaume pour unifier le pays. Pour cette raison, il se prétendait être le descendant de Liu Bang, Liu Xiu et Liu Bei ; afin de justifier son statut de « neveu de la dynastie des Han » et la légitimité

---

8. Helen Maggel Hughes (dir.), *Racial and Ethnic Relation* (Boston : Hall Brook Publishing Company, 1970), pp. 117-119.

9. Selon l'*Analyse de la migration des étrangers* de Jiang Tong, dans la région du Guanzhong, la population Hu avoisinait celle de l'ethnie Han, alors que dans la région du Nord-Est, les Hu représentaient même le pourcentage le plus élevé de la totalité de la population.

L'entrée des Cinq Barbares en Chine et les invasions barbares en Europe

du « passage du frère aîné au frère cadet », il a même rendu hommage à Liu Chan, « empereur fragile » du royaume de Shu.

En revanche, le régime de Liu Yuan n'a pas continué et a été détruit par Shi Le des Jie. Les Jie, « avec un grand nez et barbus », appartenaient aux peuples Scythes, et dépendaient autrefois des Xiongnu en tant que « partie étrangère » ou « Hu mixte ». L'origine de Shi Le était différente de Liu Yuan. Celui-ci était un noble nomade et flânait souvent dans la cour ; alors que celui-là était un esclave et errait dans le monde ordinaire. Mais Shi Le aimait aussi la culture Han. Il ne lisait pas, mais « appréciait la littérature ». Il demandait souvent aux autres de lui lire *Han shu*. Le prince Shi Hong, sous l'arrangement de son père, est complètement devenu confucianiste. Mais le royaume de Shi Le n'a pas perduré, le fondement de son unification a été ruiné par ses descendants. Dans les vestiges des Zhao

Le site de sacrifice royal de la dynastie des Wei du Nord à Hohhot, en Mongolie intérieure, combine la forme du système rituel du sacrifice de la Plaine centrale avec celle de la tradition des groupes ethniques nomades du Nord.

155

Étude comparative des civilisations chinoise et occidentale

postérieurs, sont nées les Yan antérieurs de la famille Murong de l'ethnie Xianbei et les Qin antérieurs des Di.

Parmi les Cinq Barbares, le premier à avoir unifié le Nord est Fu Jian des Qin antérieurs. Ce royaume a vu le jour sur l'ancien territoire de la dynastie des Qin dans la plaine de la Wei, et son territoire s'étendait jusqu'à « Canghai à l'est, Qiuci à l'ouest, Xiangyang au sud et le désert au nord ». Mais quelques années plus tard, il a été vaincu dans le combat contre les Jin. Sur le reste de l'ancienne dynastie des Qin antérieurs, sont nés les Qin postérieurs de Yao de l'ethnie Qiang, les Yan postérieurs de Murong de l'ethnie Xianbei et les Xia de Helian de l'ethnie Xiongnu.

Au cours des combats, les Tuoba des Xianbei, qui venaient de la prairie mongole, ont réussi à vaincre tous les adversaires et ont donné à l'État le nom de Wei. Après trois générations d'efforts, les Wei sont parvenus à unifier le Nord pendant plus d'un siècle. La dynastie des Wei du Nord a ensuite évolué en Zhou du Nord et Qi du Nord, qui ont réunifié le Nord pour ouvrir la voie des dynasties des Sui et des Tang.

Le Qin antérieur et la dynastie des Wei du Nord sont deux régimes les plus proches de l'unification du monde. Ils étaient les plus sinisés et gardaient l'attitude la plus résolue vis-à-vis de la sinisation.

Fu Jian est né dans une famille de l'ethnie Di où l'alcool était aimé de tous les membres depuis des générations. Fu Jian était un talent de guerre mais lisait des œuvres classiques confucéennes depuis son enfance. Après être monté sur le trône, il a attaché une grande importance à l'éducation. Chaque mois, il se rendait à l'école impériale pour poser des questions aux élèves. Il avait pour objectif de respecter les « mots de Zhougong et de Confucius » au niveau moral, et de dépasser les « empereurs Wudi et Guang Wudi des Han » dans la pratique. Il a conquis les régions de l'Ouest, mais a retourné les chevaux précieux, pour faire preuve d'une plus grande bienveillance que Wudi « qui a déclenché le combat contre Dayuan pour obtenir les chevaux ». En pleine bataille contre la dynastie des Jin de l'Est, il gardait déjà en avance des postes officiels et a construit des logements pour l'empereur et les fonctionnaires des Jin. Il a capturé Murong des Xianbei

L'entrée des Cinq Barbares en Chine et les invasions barbares en Europe

mais a refusé de le tuer, il a embauché Murong Wei et Murong Chui dans sa propre cour. Beaucoup de personnes lui ont conseillé d'éliminer les dangers potentiels, mais il s'est obstiné à rendre le bien pour le mal[10]. Il a subi une défaite à Feishui, et les héros Xianbei se sont immédiatement rebellés et ont établi les Yan postérieurs et les Yan de l'Ouest. La passion de Fu Jian pour la « bienveillance » était trop grande, au point de faire l'objet des moqueries – on le comparait à Xianggong de l'État de Song qui « avait refusé de traverser la moitié du fleuve pour attaquer les ennemis ».

Certains disent que l'effondrement du Qin antérieur est dû à la « sinisation excessive ». Mais la dynastie des Wei du Nord, après l'unification du Nord, a mis en œuvre des mesures de sinisation plus approfondies que celles des Qin antérieurs. Selon Tuoba Gui, empereur Daowu, « pour bien construire un pays, il faut équilibrer la force civile et la force militaire. » Tuoba Tao, empereur Taiwu, a recruté un grand nombre de fonctionnaires de l'ethnie Han, et a invité les érudits du Hexi à venir à la capitale Pingcheng (maintenant Datong, Shanxi). Il a demandé aux élèves des Xianbei d'apprendre les œuvres confucéennes, « ainsi, les confucianistes se sont multipliés et le confucianisme a de nouveau prospéré ». L'empereur Xiaowen, Tuoba Hong, a même procédé à une « sinisation institutionnalisée ». Il a déplacé la capitale à Luoyang, et a imité le système officiel des dynasties des Jin et de la dynastie du Sud ; il a ordonné aux Xianbei de se marier avec les Han, de changer de nom de famille prenant un nom Han et de parler chinois ; il a pris la tête et a exigé que ses frères épousent une femme Han.

Certains historiens ont affirmé que les Wei du Nord avaient réussi à unifier le nord, et que les dynasties Zhou du Nord et Sui qui ont suivi ont pu unifier le pays parce qu'elles ont changé leurs coutumes Han et pratiqué les rites Han. Ils n'ont pas tout à fait raison. Les dynasties du

---

10. « Pratiquer la vertu, et les désastres s'éloignent. Être strict envers soi-même, et les menaces étrangères ne sont pas à craindre. » Fang Xuanling, *Livres des Jin* (Beijing : Zhong Hua Book Company, 1974), p. 2896.

Sud, où les coutumes et rites des Han étaient naturellement respectés, n'ont pas réalisé la grande unification. Le succès de la dynastie des Wei du Nord s'explique principalement par le fait qu'elle a mené une réforme du système politique avec l'esprit d'unification et a recréé la forme nationale confucéenne et légiste des dynasties Qin et Han.

11.3 La restructuration pour l'unification

Après l'effondrement de la dynastie des Jin de l'Ouest, à quoi se sont ajoutées des catastrophes naturelles, le régime de base en Chine a complètement été détruit. Le territoire du Nord était parsemé de « forteresses », où les gens ordinaires dépendaient des familles riches pour se défendre. Après les guerres les terres étaient désertées. D'une part, les exilés ne possédaient plus de terre, d'autre part, les ploutocrates saisissaient cette occasion pour s'approprier plus de terres. Les pauvres se sont appauvris, les riches se sont enrichis.

Tableau de la réforme de l'empereur Xiaowen de la dynastie des Wei du Nord

En 484	Mise en place du système de rémunération des officiels
En 485	Mise en place du système de répartition équitable des terres
En 486	Mise en place du nouveau système de location
En 486	Création du système de trois responsables
En 493	Interdiction au peuple Xianbei d'épouser celles ou ceux ayant le même nom de famille
En 494	Déplacement de la capitale à Luoyang
En 494	Interdiction de porter les vêtements Xianbei
En 495	Interdiction aux fonctionnaires de parler la langue Xianbei à la cour
En 496	Changement du nom Xianbei en nom Han, et encouragement du mariage interethnique entre Xianbei et Han

L'entrée des Cinq Barbares en Chine et les invasions barbares en Europe

En 485, la dynastie des Wei du Nord a mis en œuvre la réforme du système de répartition équitable des terres (système *Juntian*). Les friches ont été confisquées par l'État, et réparties de manière équilibrée aux paysans pauvres. Selon ce système, sur la « terre pure », on plantait des céréales et payait les impôts, et après la mort des paysans, la terre était remise à l'État pour être redistribuée à la génération suivante ; sur la « terre de mûriers », on cultivait des mûriers, jujubiers et ormes, et la terre pouvait être transmise aux générations futures des paysans sans être retournée à l'État. Le système *juntian* stipulait également comment répartir la terre aux personnes âgées, enfants, handicapés et veuves. Après cette réforme, les forts demeuraient forts, mais les faibles gagnaient eux aussi leur place. De la dynastie des Wei du Nord jusqu'au milieu de la dynastie des Tang, le système foncier, même sous le règne de Zhenguan et de Xuanzong, tout était basé sur le système *juntian*.

Une autre réforme majeure en même temps que *juntian* a été le système de Trois Responsables (système *sanzhan*) – « un responsable de lin pour cinq familles, un responsable de li pour cinq lins, un responsable de dang pour cinq lis ». Cette mesure visait à résoudre le problème de domination des ploutocrates. Ces derniers étaient appelés « princes ». Le pouvoir central n'atteignant pas la base, la gestion était assurée par l'intermédiaire des « princes », c'est le fameux système de protection des princes. Le système *sanzhang* a aboli le système des princes et reconstruit celui des pouvoirs de base à trois niveaux à l'exemple des dynasties des Qin et des Han. Les responsables des cantons étaient sélectionnés parmi les gens ordinaires et étaient chargés de la fiscalité et des affaires civiles.

La réforme du système *juntian* a été proposée par Li Anshi, un confucianiste Han. Le système *sanzhang* a été mis en avant par Li Chong, un fonctionnaire Han. Par le biais du système *juntian*, la dynastie des Wei du Nord a obtenu suffisamment d'habitants enregistrés, d'impôts et de sources militaires ; le système *sanzhang* a permis de terminer le gouvernement féodal et de reconstruire le pouvoir de base ; le système des officiers a aidé la dynastie à rétablir le système administratif de centralisation. Par

Étude comparative des civilisations chinoise et occidentale

rapport aux réformes apparentes sur les changements de vêtements et de mœurs, ces systèmes ont constitué l'âme de la sinisation. 170 ans après l'écrasement de la dynastie des Jin occidentaux, le système des Han a enfin été restauré dans la Plaine centrale par les minorités ethniques. Comme le dit Qian Mu, « la dynastie des Wei du Nord a créé un État féodal clanique, mais après la mise en place des systèmes *sanzhang* et *juntian*, le régime s'est transformé en unification avec les préfectures et districts, et les puissances Hu ont commencé ainsi à dépasser les puissances Han[11] ». En seulement 30 ans, la population civile et militaire de la dynastie des Wei du Nord a rapidement dépassé celle des dynasties du Sud ; en 520, la population s'élevait à 35 millions d'habitants, soit le double par rapport à celle du règne de l'empereur Taikang de la dynastie des Jin de l'Ouest[12]. Un grand nombre d'agriculteurs chinois ont rejoint les armées de la dynastie des Wei du Nord, rompant avec la tradition selon laquelle « les Xianbei font la guerre et les Han cultivent la terre ».

La dynastie des Wei du Nord a hérité du « système Han », mais le régime politique des dynasties des Jin de l'Est et du Sud est devenu rigide. Le système de recommandation datant de la dynastie des Han de l'Est et engendrant de nombreuses familles confucéennes influentes s'est transformé dans les dynasties des Wei et Jin en politique de seigneurs familiaux. Étant donné que la création de la dynastie des Jin de l'Est dépendait du soutien des seigneurs des grandes familles, est alors apparu un phénomène étrange – « les familles Wang et Ma partagent le monde ». Sous les dynasties des Jin de l'Est et du Sud, le paysage démographique était anormal : bien que des dizaines de millions de gens errants se déplaçaient du Nord au Sud, et que l'économie au sud du fleuve Yangtsé restait prospère, « du royaume Wu à la disparition du Chen, pendant les six dynasties de 300 ans, la population enregistrée n'a presque pas augmenté au sud du

---

11. Qian Mu, *Aperçu de l'histoire chinoise* (Beijing : Commercial Press, 1991), p. 336.

12. *Wei Shu · Géographie* (Beijing : Zhong Hua Book Company, 1974), p. 2455.

L'entrée des Cinq Barbares en Chine et les invasions barbares en Europe

fleuve Yangtsé[13] ». Cela est dû au fait que ces personnes cherchaient refuge auprès des grandes familles et devenaient des « habitants privés » ; ils n'étaient pas inscrits à l'état civil du gouvernement. L'État ne maîtrisait pas le nombre précis de la population et perdait ainsi plus d'impôts. Les seigneurs familiaux mettaient l'accent sur l'art de parler, générant ainsi le style élégant des Wei et Jin et la spéculation métaphysique. Le déclin de la société et le pic de l'art se sont produits simultanément.

Chen Yinque et Qian Mu estiment que généralement, les dynasties des Sui et Tang ont hérié du système politique des dynasties du Nord et des coutumes et de la culture des dynasties du Sud. Par rapport au caractère figé de celles-ci, les innovations du système *juntia*n et du système militaire de celles-là correspondent mieux à l'esprit d'unification Han. Cet esprit a permis à la dynastie des Sui de mettre en œuvre le premier recensement de la population du pays et de créer le système d'examens officiels impériaux. Selon Chen Yinque, il s'agit de « prendre le sang extérieur barbare et fort, de l'injecter dans le corps faible de la culture de la Plaine centrale[14] ». Cette « injection » concernait plutôt l'esprit de la réforme et de l'innovation que l'appartenance ethnique.

La victoire des dynasties du Nord sur celles du Sud ne s'explique pas par son caractère barbare vis-à-vis de la « civilisation », mais par son héritage de l'esprit d'unification, par le nouveau « système Han » associant les Hu aux Han dépassant même « l'ancien système Han » rigide et immobiliste. Les grandes familles du Nord accordaient plus d'attention à la capacité politique pragmatique que celles du Sud, car les examens du Nord les orientaient dans cette direction. Les dynasties du Nord prenaient acte des études utiles, alors que les dynasties du Sud faisait grand cas des études métaphysiques. Les dynasties du Nord ont embauché un grand nombre de

---

13. Tang Zhangru, *Trois critiques sur l'histoire des dynasties Wei, Jin, du Sud, du Nord, Sui et Tang* (Wuhan : Wuhan University Press, 1992), p. 88.

14. Chen Yinque, *Deuxième édition du recueil de Jinming Guan* (Shanghai : Joint Publishing, 2001), p. 344.

Étude comparative des civilisations chinoise et occidentale

confucianistes à la cour et aux administrations de base, mais les dynasties du Sud ne sélectionnaient que des érudits d'origine ordinaire pour servir comme fonctionnaires et généraux qu'à la fin de la dynastie.

Néanmoins, la dynastie du Sud avait aussi des points forts. Le modèle de « trois départements et six ministères » a été suivi par les dynasties des Sui et Tang. En outre, la dynastie des Jin de l'Est et la dynastie du Sud n'ont jamais renoncé à l'idée d'unification. Cette ambition était plus forte que Romain de l'Est. L'empire byzantin a existé pendant plus de 1 000 ans, et n'a effectué qu'une expédition à proprement parler vers l'Ouest dans le but d'unifier le monde. Mais au cours des 272 ans de la dynastie des Jin de l'Est et de la dynastie du Sud, une dizaine d'expéditions ont été menées vers le Nord. Zu Di, Yu Liang, Huan Wen, Xie An de la dynastie des Jin de l'Est, Liu Yu, Liu Yilong, Xiao Yan, Chen Xu, n'ont pas réussi, mais personne n'a osé abandonner. En Chine, ceux qui renoncent à l'unification perdent leur légitimité.

11.4 La sinisation et la romanisation

Les Cinq Barbares se sont dévoués pour la « sinisation », parce que l'essence de la civilisation Han résidait dans la construction d'un corps politique gigantesque et stable à long terme. Les groupes nomades possédaient des avantages militaires, mais s'ils n'absorbaient pas l'expérience institutionnelle de la civilisation Han, ils n'auraient pas pu vaincre la dynastie du Sud qui se prétendait « vraie héritière de la Chine ». Le « système Han » ne consistait pas en pratique du « peuple Han », mais en système rationnel sans parti pris. La différence entre les Barbares et la Chine ne résidait pas dans le sang ou les coutumes, mais dans la civilisation et l'institution. Même les Han qui ne transmettaient pas ni ne diffusaient l'esprit du système Han ont perdu les qualifications d'héritiers de la civilisation chinoise.

L'entrée des Cinq Barbares en Chine et les invasions barbares en Europe

« Sinisation » ne signifie pas « assimilation par le peuple Han », mais « adoption du système Han ». Au début de la dynastie des Han occidentaux, il n'y avait pas de « peuple Han », mais que des « gens des Sept Royaumes ». Lorsque Sima Qian a écrit le *Shiji*, il a décrit les différents caractères du peuple de tout le pays en fonction des Sept Royaumes. Depuis l'empereur Wu, le « peuple Han » est devenu le titre que se donnaient les « habitants de la dynastie des Han ». L'empereur Wu a fusionné le système légiste de Qin, les pensées confucéennes de Lu, les idées Huanglao et l'économie de Guan Zi de Qi, la culture et l'art de Chu, la diplomatie et les punitions de Han et de Wei, ainsi que le système militaire de Yan et de Zhao, pour constituer enfin le « système Han d'unification ». Dès lors, ceux qui s'identifiaient à cette civilisation institutionnelle ont été considérés comme le « peuple Han ». Nous pouvons dire que le « peuple Han » a été la première pratique pour construire des « ethnies nationales » à travers un système politique. Ce système a été créé par les Qin et Han, mais il n'appartenait pas uniquement à la Chine, et faisait partie du patrimoine classique de la civilisation de l'Asie de l'Est. Les caractères chinois ne sont pas seulement l'« écriture de l'ethnie Han », mais aussi un important porteur de la civilisation classique d'Asie de l'Est. Les expériences et les leçons d'unification sont enregistrées dans les lois et les livres historiques en chinois, il faut les apprendre pour reconstruire la civilisation et progresser. Les Cinq Barbares ont volontiers accepté la sinisation, non pas pour oublier leurs ancêtres ou se mépriser, mais pour construire une entité politique d'envergure bien au-delà du corps politique tribal.

Le concept de « romanisation » ressemble à celui de « sinisation ». Le système romain a été inventé par les Romains, mais il est devenu une forme classique de la civilisation méditerranéenne. Le latin n'était plus « la langue des Romains », mais véhiculait la civilisation classique européenne[15].

---

15. Du VIIe au IXe siècle, bien que les langues écrites apparaissent en fonction des dialectes respectifs dans les royaumes en Europe, jusqu'à la fin du Moyen Âge, le latin reste toujours la langue officielle, de l'enregistrement et de l'Église, et la langue germanique

Étude comparative des civilisations chinoise et occidentale

Après que de nombreux royaumes barbares germaniques ont abandonné la langue latine parlée, et que les groupes germaniques ont été divisés en royaumes avec des langues différentes, l'ancienne civilisation romaine avec le latin comme véhicule s'est effacée dans la barbarie et le pouvoir universel de l'Église ; la loi romaine ne renaît qu'au début du XIIe siècle[16], et « l'humanisme » et « la rationalité nationale » n'ont été redécouverts qu'aux XIVe et XVe siècles lors de la Renaissance[17]. Mais la source de cette « redécouverte » ne se trouve pas en Europe. Sans les manuscrits grecs et romains apportés par les croisades de Constantinople, sans les œuvres classiques de Platon et d'Aristote traduites par les Arabes, il aurait été difficile de voir la Renaissance ou les Lumières apparaître en Europe. Nous pouvons dire que les civilisations classiques de la Grèce et de Rome n'ont pas été transmises par les groupes ethniques environnants et les habitants locaux comme la civilisation Han, mais ont été retrouvées de l'extérieur.

écrite n'est qu'un outil auxiliaire. Peter Burke, *Languages and Communities in Early Modern Europe*, traduit par Li Xiaoxiang, Li Lu et Yang Yu (Beijing : Beijng University Press, 2007), p. 107.

16. En 1135, le manuscrit original du *Digeste* a été trouvé dans le nord de l'Italie, ce qui a entraîné le « Mouvement de renaissance du droit romain ».

17. La doctrine de « Ragione di Stato » de Machiavel. Nicolas Machiavel, *Le Prince*, traduit par Pan Handian (Beijing : Commercial Press, 1985), p. 18.

CHAPITRE 12

LES INVASIONS BARBARES

12.1 Les royaumes à une tribu et à un territoire

Les Barbares ne sont pas arrivés soudainement à Rome. Tout comme les Han qui appelaient toujours les groupes ethniques lointains « Yidi » (« les étrangers »), les Romains nommaient les tribus étrangères à l'extérieur du Rhin et du Danube les « Barbares », et plus tard les « Germains ». De même que la dynastie des Han, Rome a construit une « grande muraille germanique » le long des frontières des deux fleuves et vivaient à peine en paix avec les différents groupes ethniques germaniques. Lorsque les Xiongnu du Nord ont envahi leur territoire depuis l'Est et sous le « fouet » du roi des Xiongnu, les tribus des prairies ont battu en brèche cette muraille fragile à plusieurs reprises. Les Germains se sont enfoncés dans l'Empire romain et se sont emparés de zones de céréales et de mines d'argent en Afrique du Nord et en Espagne. La population, l'assiette de l'impôt et la force militaire de l'empire se sont continuellement affaiblies. En 420, dans la région centrale de la Rome occidentale, il ne restait que 90 000 soldats dans l'armée de campagne pour la défense[1]. Les Barbares occupaient les

---

1. Plus de 40 % des troupes romaines d'Orient (représentant 20 % à 25 % du nombre total de troupes romaines) sont destinées à la prévention spéciale de la Perse. La plupart des

Étude comparative des civilisations chinoise et occidentale

terres les unes après les autres pour établir des pays : les Suèves occupaient le nord-ouest de l'Espagne (en 409), les Vandales l'Afrique du Nord (en 439), les Burgondes le nord-est de la France (en 457), les Anglo-Saxons la Bretagne (en 449).

C'était tous de petits royaumes avec une seule tribu et un territoire. Ceux qui établissaient les « grands royaumes » étaient les Goths et les Francs. Le royaume wisigoth et le royaume ostrogoth occupaient toute l'Europe du Sud (Espagne, Italie et France du Sud)[2], alors que les Francs ont conquis la majeure partie de l'Europe occidentale.

Selon les statistiques historiques, seuls 120 000 barbares ont participé à la destruction de l'Empire romain d'Occident en 476[3]. Plus tard, 80 000 Vandales sont entrés en Afrique du Nord, 100 000 Francs, Alains et Burgondes en Gaule et 300 000 Ostrogoths conduits par Théodoric se sont installés en Italie. On estime que la population totale des barbares qui sont entrés dans l'Empire romain était comprise entre 750 000 et 1 million[4].

En comparaison, en Chine, des millions de personnes se sont déplacées au Sud sous les deux dynasties des Jin. Étant donné que Rome avait presque autant d'habitants que la dynastie des Jin occidentaux, les groupes germaniques qui venaient à Rome devaient être bien inférieurs aux Romains, et donc être plus facilement « romanisés », et la civilisation romaine aurait perduré en Europe occidentale comme la civilisation Han. Mais tout au contraire, en dehors de quelques royaumes germaniques qui

---

soldats restants font partie des troupes résidentes, chargées principalement des incidents urgents menaçant de faire moins sérieuse la sécurité frontalière.

2. Les Wisigoths ont conquis le sud de la France et l'Espagne (en 419), et les Ostrogoths ont occupé l'Italie (en 493).

3. Peter Heather, *The Fall of the Roman Empire*, traduit par Xiang Jun (Beijing : China Citic Press, 2016), p. 532.

4. Selon Tim O'Neill, sous le règne d'Alaric, les Wisigoths incluent probablement 20 000 soldats, et la population totale ne dépassait pas 200 000. Les Vandales sous le gouvernement de Genséric sont d'un nombre similaire, les Francs, les Alains et les Burgondes ne dépassaient pas respectivement 100 000. Ainsi, la population totale des Barbares était de 50 000 à 1 000 000 d'habitants.

L'entrée des Cinq Barbares en Chine et les invasions barbares en Europe

ont été temporairement et partiellement « romanisés », la plupart d'entre eux se sont débarrassés catégoriquement de l'influence romaine.

Les Goths, au cours de la fondation de leur État, vivaient délibérément à l'écart des Romains conquis. Généralement, ils choisissaient de construire leurs châteaux à l'extérieur de la ville. Les châteaux indépendants, qui s'érigeaient à la campagne comme des îles isolées, ont jeté la base du paysage actuel de la campagne européenne. Afin de maintenir la pureté de leur lignée au lieu d'être assimilés par les Romains, de garder la bravoure et d'éviter d'être corrompus par la culture romaine, les Goths ont établi une « diarchie »[5]. En termes de gouvernement, ils ont mis en œuvre le système de « séparation ethnique » et interdisaient le mariage avec les Romains ; juridiquement, les Goths respectaient le droit coutumier barbare, alors que les Romains observaient le droit romain ; en ce qui concerne le système administratif, les Goths s'occupaient des affaires militaires, les Romains des affaires civiles ; sur la culture et l'éducation, ils n'encourageaient pas l'apprentissage du latin et de la culture classique ; du point de vue religieux, les Romains étaient chrétiens, mais les Goths étaient des chrétiens ariens, qualifiés d'hérétiques par les chrétiens trinitaires. Ces règles ont été suivies pendant de longues années. Comme le dit l'historien britannique Perry Anderson, les Barbares ont fondé leur pays « plutôt par division que par intégration[6] ».

---

5. Au début de la fondation des pays, les Barbares gardent en quelque sorte la diarchie, soit une combinaison du système résiduel romain et des habitudes traditionnelles des Barbares. Les Ostrogoths sont les plus romanisés, suivis par les Wisigoths. La disparition de la romanisation est progressive, et la diarchie existe jusqu'au milieu du VIIᵉ siècle. Peter Heather, *The Fall of the Roman Empire*, traduit par Xiang Jun (Beijing : China Citic Press, 2016), p. 503

6. Perry Anderson, *Passages from Antiquity to Feudalism*, traduit par Guo Fang et Liu Jian (Shanghai : Shanghai People's Publishing House, 2016), p. 81.

12.2 L'intégration échouée

Parmi les rois germaniques, le roi des Ostrogoths, Théodoric, est le seul à avoir effectué en partie la « romanisation ». Bien qu'il se soit également engagé dans la « double politique », Théodoric était le roi des Barbares qui comprenait le mieux les valeurs de la civilisation romaine.

Théodoric était un prince des Ostrogoths. Comme Liu Yuan, il avait suivi une formation dans la cour de l'Empire romain d'Orient en tant qu'otage. Il connaissait bien la société de la noblesse romaine. Cependant, à la différence de Liu Yuan qui était expert en *Zuozhuan* et *Shangshu*, Théodoric parlait grec et latin mais n'aimait pas ces deux langues. Pour ne pas signer son nom dans les textes officiels, il utilisait même un « signe » pour remplacer sa signature[7].

Plus tard, Théodoric a occupé l'Empire romain d'Occident et s'est qualifié de roi d'Italie. Il a interdit aux Goths et Romains de cohabiter, mais il a gardé le système romain de fonctionnaires civils. Rome était encore gérée par les consuls, les gouverneurs de finance et les courtisans des affaires de l'État. Il a ordonné aux Romains d'entrer dans la fonction publique et aux Goths de s'enrôler. Le seul avantage des soldats goths était de pouvoir récupérer « un tiers » des terres auprès des propriétaires ruraux romains, ce qui était le moins que puisse obtenir toutes les forces militaires des Barbares.

Théodoric était un homme bienveillant. Sous son gouvernement, les Romains ont conservé leurs vêtements, langue, lois et coutumes. Même pour la religion, il a fait preuve d'une certaine tolérance. Malgré son arianisme, il s'est personnellement rendu sur la tombe de saint Pierre pour y faire un sacrifice. Il n'a jamais forcé les chrétiens à se convertir.

Théodoric a gardé le pouvoir des anciens maîtres romains. Boèce, un noble très apprécié par Théodoric, a été le plus grand philosophe religieux

---

7. Edward Gibbon, *The History of the Decline and Fall of the Roman Empire*, traduit par Xi Daiyue (Changchun : Jilin Publishing Group Co., Ltd., 2008), p. 2.

L'entrée des Cinq Barbares en Chine et les invasions barbares en Europe

après Augustin d'Hippone. Il a traduit et interprété la géométrie d'Euclide, la musique de Pythagore, les mathématiques de Nicomaque de Gérase, la mécanique d'Archimède, l'astronomie de Ptolémée, la philosophie de Platon et la logique d'Aristote, et a été ainsi appelé « le dernier Romain » par les historiens.

Théodoric a confié les affaires politiques à Boèce, et a nommé les deux fils de Boèce consuls de Rome. Les anciens maîtres romains et les nouveaux nobles gothiques se disputaient souvent. Quand un noble romain a accusé le neveu de Théodoric de s'approprier la propriété des Romains, Théodoric n'a pas hésité une seconde à ordonner à son neveu de les leur rendre. Son « favoritisme » envers les Romains a provoqué un ressentiment parmi ses propres groupes ethniques, et les 20 000 soldats gothiques ont « maintenu la paix et respecté la discipline avec colère[8] » en Italie. Au cours des 33 années du règne de Théodoric, l'Italie et l'Espagne ont gardé le style de l'ancienne Rome, avec les villes magnifiques, les maîtres élégants, les grands festivals et les religions sacrées.

L'historien britannique Gibbon a déclaré que l'intégration entre les Romains et les Ostrogoths était totalement possible : « L'unité entre les Goths et les Romains aurait pu permettre aux générations postérieures de transmettre la vie heureuse éphémère de l'Italie ; et l'ethnie émergente, un peuple composé de sujets libres et de soldats compétents, aurait pu s'améliorer en matière de moralité et de vertu. Comme cela, elle se serait développée progressivement[9]. » C'est facile à dire. La profonde contradiction entre les Goths et les Romains a commencé par la religion. Théodoric était tolérant envers l'Église catholique romaine, mais les catholiques ne toléraient pas le judaïsme, brûlant leurs églises et en saisissant leurs biens. Théodoric a manifesté sa justice en punissant les chrétiens coupables concernés. Les

---

8. Edward Gibbon, *The History of the Decline and Fall of the Roman Empire*, traduit par Xi Daiyue (Changchun : Jilin Publishing Group Co., Ltd., 2008), p. 160.

9. Edward Gibbon, *The History of the Decline and Fall of the Roman Empire (II)*, traduit principalement par Huang Yisi (Beijing : Commercial Press, 1997), pp. 152-153.

Étude comparative des civilisations chinoise et occidentale

chrétiens ont ainsi conçu du ressentiment à l'égard de Théodoric, et sont entrés en collusion avec l'Église byzantine d'Orient de Rome.

En 523, le vieux maître romain Albinus a été dénoncé pour avoir envoyé des lettres à l'empereur de Rome d'Orient, lui demandant de renverser le royaume gothique et de redonner la « liberté » aux Romains. Ces lettres ont été interceptées. Théodoric furieux a mis tous les traîtres en prison. À ce moment-là, Boèce s'est redressé et a plaidé pour eux : « S'ils sont coupables, moi aussi ! Si je ne suis pas coupable, eux non plus ! » Bien qu'il ait maintenu une relation étroite avec les Goths, dans cette situation critique, il a choisi de se ranger à la position des nobles romains[10].

Gibbon conclut qu'en dépit de la tolérance et de la bienveillance des Goths, ils n'ont jamais pu être reconnus par les Romains. Ces derniers, avec leur « esprit de liberté », n'ont jamais supporté la forme même la plus douce du royaume gothique : « Ces sujets qui ne sont pas reconnaissants ne tolèrent jamais l'origine, la religion ou la moralité de ce conquérant gothique[11]. »

Au seuil de sa vieillesse, Théodoric a constaté qu'il avait consacré toute sa vie au peuple romain mais n'avait obtenu que de la haine. Il a senti la colère face à leur ingratitude[12]. Finalement, il a condamné Boèce à mort, d'une manière délibérément « non-romaine » – il l'a privé de son droit de se défendre avant sa mort. Avant son exécution, Boèce, portant des chaînes, a écrit en prison la *Consolation de Philosophie*, un livre incontournable pour tous les élèves du Moyen Âge. Après avoir exécuté Boèce, Théodoric,

---

10. Certains érudits ont proposé des opinions différentes sur la mort de Boèce, estimant que sa mort ne résultait pas de la contradiction entre les dirigeants des Ostrogoths et des vétérans et nobles romains, ou des conflits entre l'orthodoxie chrétienne et catholique et l'arianisme, mais des persécutions de ses ennemis au Sénat romain et à la cour gothique orientale. Kang Kai, « Le martyr de l'Empire romain ? – Études sur la mort de Boèce », *World History*, no. 1 (2017).

11. Edward Gibbon, *The History of the Decline and Fall of the Roman Empire (II)*, traduit principalement par Huang Yisi (Beijing : Commercial Press, 1997), p. 160.

12. Edward Gibbon, *The History of the Decline and Fall of the Roman Empire (II)*, traduit principalement par Huang Yisi (Beijing : Commercial Press, 1997), p. 161.

L'entrée des Cinq Barbares en Chine et les invasions barbares en Europe

extrêmement affligé, est mort rapidement. Il a gémi pendant trois jours et trois nuits avant sa mort.

La dixième année après le décès de Théodoric, Justinien le Grand, empereur romain d'Orient, ayant pour vocation d'éliminer l'hérésie et de récupérer sa patrie, a lancé une « guerre sacrée » contre les Ostrogoths. D'une part, l'Église byzantine a promulgué un édit en vue d'exterminer les ariens ; d'autre part, Justinien le Grand a demandé activement la paix avec la Perse avec 5 250 kg d'or, stabilisant l'Orient et menant l'expédition vers l'Occident. En 535, le général célèbre Bélisaire a été envoyé pour attaquer le royaume des Ostrogoths et le détruire en 20 ans.

12.3 Les Romains abandonnent Rome

Les Romains occidentaux qui sont revenus à Rome d'Orient ont-ils été bien accueillis ? La réponse est surprenante.

Lorsque Bélisaire a attaqué les Ostrogoths, les nobles et roturiers de Rome d'Occident ont agi de connivence avec lui. Avec l'aide clandestine de Silvilius, évêque et noble romain, Bélisaire a réussi à entrer dans la ville de Rome sans effusion de sang.

Mais l'enthousiasme des Romains d'Occident envers « l'armée de l'empereur » n'a pas duré longtemps. Au cours des longues batailles offensives et défensives, ils n'étaient plus habitués à cette souffrance. Ils maudissaient l'armée romaine d'Orient pour le manque de bains, de sommeil et puis de nourriture. Bélisaire a écrit à l'empereur Justinien le Grand : « Bien que les Romains soient amicaux avec nous, certes, si leur situation difficile continue, ils n'hésiteront peut-être pas à faire des choix conformément à leurs propres intérêts[13]. »

---

13. Procope de Césarée, *Les Guerres de Justinien*, traduit par Wang Yizhu et Cui Miaoyin (Beijing : Commercial Press, 2010), p. 500.

Étude comparative des civilisations chinoise et occidentale

Les plaintes des Romains d'Occident ont même poussé Silvilius, qui avait ouvert la porte de la ville à l'armée de Rome d'Orient, à prévoir de rouvrir la porte aux Goths pour attaquer Bélisaire et finir le combat. Mais son complot a été déjoué et il a immédiatement été exilé. Dès lors, Bélisaire n'a plus fait confiance aux Romains d'Occident. Il a changé les serrures des quinze portes de la ville deux fois par mois et a remplacé régulièrement la garde chargée de défendre les portes.

L'accueil a été transformé en refus en juste quatre mois.

Ceux qui ont abandonné l'Empire byzantin n'étaient pas seulement des nobles, mais aussi des civils. Beaucoup de paysans et d'esclaves ont rejoint l'armée des Goths ; de nombreux mercenaires barbares ne touchant pas de salaire ont rejoint l'armée des Goths pour attaquer les « libérateurs ».

Les Romains d'Occident n'étaient pas fidèles aux Ostrogoths, ni à Rome d'Orient. Ils ne tenaient compte que de leurs propres intérêts, pour eux, il valait mieux ne pas être contrôlés. Comme l'indique le chercheur Helmut Hemitz, « aux yeux de beaucoup de Romains des provinces de l'Ouest, 'la disparition de Rome' n'est pas un désastre. En fait, les élites locales, les Barbares, les chefs de guerre romains et les princes ont formé une coopération dans une plus petite unité de puissance[14]. »

Les Romains d'Occident avaient raison de s'opposer aux Romains d'Orient, car l'Empire byzantin ne prenait pas en considération le bien-être local et ne pensait qu'à percevoir des impôts. Après la guerre, au nord de l'Italie, la société était en ruines, l'économie se dégradait et la population diminuait. Narsès qui a succédé à Bélisaire a construit un gouvernement militaire, et a mis en place des impôts pillards pendant 15 ans. Les responsables fiscaux byzantins étaient surnommés « grands ciseaux alexandrins », car un douzième d'impôts entraient légalement dans

---

14. Helmut Hemitz, « Histoire et écriture de l'histoire entre l'Empire romain et l'Empire carolingien », traduit par Liu Yin, dans Wang Qingjia et Li Longguo (dir.), *Fragmentaion et transformation : histoire et science de l'histoire eurasiatique après les empires* (Shanghai : Shanghai Classics Publishing House, 2017), p. 276.

L'entrée des Cinq Barbares en Chine et les invasions barbares en Europe

leur propre poche, ce qui suscitait leur frénésie pour piller le peuple[15]. Ce système de responsable fiscal, qui extrayait des intérêts de la taxe nationale, était une politique nuisible passant de l'Empire macédonien à Rome, et l'Empire byzantin en a fait un acte national. En outre, l'Empire byzantin n'a pas restauré le système de gouvernance romain, et le Sénat, qui avait duré mille ans, a pris fin.

En tant que Barbare, Théodoric s'est efforcé de maintenir le système romain, mais l'Empire byzantin a tout balayé. Les historiens européens estiment que sans les guerres gothiques, la civilisation classique romaine n'aurait pas disparu si rapidement pour entrer dans le Moyen Âge. Cela est dû au fait que les nobles romains orgueilleux n'acceptaient pas la montée sur le trône d'un « Barbare », même s'il était tolérant et « romanisé ».

Les Barbares après les Ostrogoths ne sont plus jamais délibérément « romanisés ». Ils ont catégoriquement abandonné le système politique de Rome et emprunté leur propre chemin. Le mode de vie romain ne s'est maintenu que pendant un siècle environ dans certaines parties de l'Europe, par inertie.

12.4 Les Chinois choisissent la Chine

En Chine, il y avait deux groupes de personnages ayant des relations semblables à celles de Théodoric et Boèce : Fu Jian et Wang Meng du Qin antérieur, Tuoba Tao et Cui Hao de la dynastie des Wei du Nord.

Parlons d'abord du premier groupe. Fu Jian était le monarque le plus bienveillant des Cinq Barbares, et Wang Meng un lettré de premier rang de « la zone d'occupation du Nord ». À cette époque, la dynastie des Jin

---

15. « Le responsable fiscal infâme de l'empereur a fait fortune pendant son mandat [...] il n'y avait pas d'autres restrictions sur la portée de la perception, à l'exception de la capacité du peuple. Il s'est même approprié les salaires des armées. » James Westfall Thompson, *Economic and Social History of the Middle Ages*, traduit par Geng Danru (Beijing : Commercial Press, 1961), p. 185.

Étude comparative des civilisations chinoise et occidentale

de l'Est menait une expédition militaire vers le Nord. Le grand général Huan Wen a pénétré dans la Plaine centrale, les célébrités l'appréciaient beaucoup. Wang Meng l'a rencontré et ils ont fait connaissance. Huan Wen a invité Wang Meng à descendre au Sud en lui proposant une fonction importante et un salaire élevé. Wang Meng l'a refusé. La première raison du refus était que Huan Wen ne voulait pas vraiment « l'unification ». Wang Meng lui a dit : « Vous êtes à deux pas de la ville de Chang'an, mais vous ne traversez pas le fleuve Bashui. On sait que vous n'avez pas envie d'unifier le monde[16]. »

Wang Meng a choisi Fu Jian, car ce dernier avait pour objectif d'unifier le monde. Il était d'origine Di, que ce soit dans les hauts ou dans les bas de sa vie, il concevait toujours l'idée de « mélanger les six pays pour en former un, unir toutes les ethnies pour transmettre la civilisation chinoise ». Avant de bien ranger les nobles des Xianbei de Chang'an, il a pris des risques en attaquant la dynastie des Jin de l'Est. Il a dit : « Il ne reste que le coin du Sud-Est qui échappe à mon règne. Chaque fois que je songe à la non-unification du monde, je n'ai plus envie de manger malgré les repas copieux devant moi. » Seule l'unification lui a permis d'obtenir le « mandat du Ciel »[17]. Fu Jian, héros guerrier dans une certaine de batailles, était familier avec les risques, mais la vocation définitive de l'« unification » prédominait par rapport aux victoires ou échecs personnels. Son idée ressemblait à celle de Zhuge Liang estimant que « l'empereur ne doit pas se contenter de rester dans un coin ». La dynastie des Jin de l'Est avait la capacité de mener une expédition vers le Nord, mais elle ne l'a jamais fait

---

16. « Vous êtes à deux pas de la ville de Chang'an, mais vous ne traversez pas le fleuve Bashui. On sait que vous n'avez pas envie d'unifier le monde. » Fang Xuanling, *Livre des Jin* (Beijing : Zhong Hua Book Company, 1974), p. 2930.

17. « Un empereur de la Plaine centrale doit finalement rentrer dans son pays natal. Il s'est rendu au mont Tai pour offrir des sacrifices au Ciel et à la Terre, construire une plate-forme sacrée, obtenir le mandat céleste. À ce moment, il a terminé sa vocation sans précédent. » Fang Xuanling, *Livre des Jin* (Beijing : Zhong Hua Book Company, 1974), pp. 2911-2912.

L'entrée des Cinq Barbares en Chine et les invasions barbares en Europe

de toutes ses forces. Fu Jian a subi des moqueries après la défaite écrasante à Feishui, mais du point de vue de l'ambition, il méritait certainement plus de respect que les gens du Sud.

La deuxième raison pour laquelle Wang Meng a rejeté Huan Wen est que le gouvernement de la dynastie des Jin de l'Est était opposé à son idéal. Les Jin mettaient trop l'accent sur les puissances des familles prestigieuses, alors que Wang Meng soutenait le système Han combinant le confucianisme et le légisme. Selon lui, d'une part, il fallait « préciser les lois et les punitions » et « contraindre les grandes puissances locales » ; d'autre part, l'État était censé « sélectionner les talents, encourager les agriculteurs et diffuser les vertus ».

Sous la dynastie des Jin orientaux, les fonctionnaires étaient choisis parmi les grandes familles, mais Fu Jian sélectionnait les élites dans les milieux inférieurs, et les talents ainsi choisis étaient appelés « fonctionnaires nombreux »[18]. « La moitié des populations provenaient des familles prestigieuses » sous les Jin, tandis que Fu Jian exerçait une influence sur la base, tout en contrôlant le peuple Han et « les tribus étrangères » personnellement ou en ordonnant aux envoyés de le faire. Les gens des Jin s'attachaient à la métaphysique et faisaient grand cas de l'élégance dans le gouvernement ; alors que Fu Jian interdisait les études de Laozi, de Zhuangzi et de superstition, et recherchait des talents « qui excellaient en confucianisme et qui étaient de nature à assumer des responsabilités ».

Par rapport à la dynastie des Jin de l'Est, les Qin antérieurs des Di s'accordaient mieux avec la compréhension de Wang Meng à l'égard du « système Han ». Dans le cœur des vrais intellectuels comme Wang Meng, « Han » n'était ni lié au sang ni à l'ethnie, mais au système et à l'idéal. Les groupes ethniques du monde chinois, qu'ils soient Hu ou Han, n'étaient pas catégorisés en fonction du « sang » ou de la « religion » comme à Rome. Si Théodoric était né en Chine, d'innommables héros Hu et Han l'auraient aidé à devenir empereur.

---

18. Fang Xuanling, *Livre des Jin* (Beijing : Zhong Hua Book Company, 1974), p. 2888.

Étude comparative des civilisations chinoise et occidentale

Parlons du deuxième groupe. Tuoba Tao était le roi des Xianbei. Cui Hao, originaire d'une famille Han du Nord, avait travaillé en tant que fonctionnaire pendant trois règnes de la dynastie des Wei du Nord ; il maîtrisait parfaitement les œuvres classiques des cent écoles, ainsi que les idées *yin* et *yang* et les stratégies militaires. D'un côté, Cui Hao a aidé Tuoba Tao à expulser les Ruanruan, écraser les Xia, anéantir les Yan du Nord et unifier le nord de la Chine[19]. D'un autre côté, il a exhorté Tuoba Tao à mener une réforme du « gouvernement culturel ». Il a aboli le système de six ministères dirigés par les nobles militaires, et a restauré le département des affaires d'État et le système de fonctionnaires civils, auquel s'ajoutait le département du secrétariat ; il a aménagé le pouvoir de base et examiné le gouvernement des fonctionnaires locaux ; il a révisé les lois et règlements à trois reprises en absorbant les articles juridiques de la Plaine centrale. En outre, Cui Hao a proposé la fusion entre les élites des Xianbei et des Han ; Tuoba Tao a volontiers accepté cette proposition et a embauché des certaines de fonctionnaires Han au niveau central et local.

Tableau des Seize Royaumes

Royaume	Fondateur	Ethnie	Durée	Capitale ou centre administratif	Anéanti par
Cheng Han	Li Xiong	Ba	304-347	Chengdu (aujourd'hui Chengdu, Sichuan)	Jin orientaux
Han Zhao antérieur	Liu Yuan	Xiongnu	304-329	Pingyang (aujourd'hui Linfen, Shanxi) Chang'an (aujourd'hui Xi'an, Shannxi)	Zhao postérieur
Zhao postérieur	Shi Le	Jie	319-350	Xiangguo (aujourd'hui Xingtai, Hebei) Ye (aujourd'hui Linzhang, Hebei)	Wei de Ran

---

19. « Expulser les Ruanruan, écraser les Xia, anéantir les Yan du Nord et unifier le nord de la Chine. » *Livre des Wei · Annale de Shizu.*

L'entrée des Cinq Barbares en Chine et les invasions barbares en Europe

Royaume	Fondateur	Ethnie	Durée	Capitale ou centre administratif	Anéanti par
Liang antérieur	Zhang Mao	Han	320-376	Guzang (aujourd'hui Wuwei, Gansu)	Qin antérieurs
Yan antérieur	Murong Huang	Xianbei	337-370	Longcheng (aujourd'hui Chaoyang, Liaoning) Ye (aujourd'hui Linzhang, Hebei)	Qin antérieur
Qin antérieur	Fu Jian	Di	351-394	Chang'an (aujourd'hui Xi'an, Shannxi)	Qin postérieur
Qin postérieur	Yao Chang	Qiang	384-417	Chang'an (aujourd'hui Xi'an, Shannxi)	Jin orientaux
Yan postérieur	Murong Chui	Xianbei	384-409	Zhongshan (aujourd'hui Dingzhou, Hebei)	Yan septentrional
Qin occidental	Qifu Guoren	Xianbei	385-431	Yuanchuan (aujourd'hui Yuzhong, Gansu) Jincheng (aujourd'hui Lanzhou, Gansu) Paohan (aujourd'hui Linxia, Gansu)	Xia
Liang postérieur	Lü Guang	Di	386-403	Guzang (aujourd'hui Wuwei, Gansu)	Qin postérieur
Liang méridional	Tufa Wugu	Xianbei	397-414	Ledu (aujourd'hui Ledu, Qinghai) Xiping (aujourd'hui Xining, Qinghai)	Qin occidental
Yan méridional	Murong De	Xianbei	398-410	Guanggu (aujourd'hui Qingzhou, Shandong)	Jin orientaux
Liang occidental	Li Song	Han	400-421	Dunhuang (aujourd'hui Dunhuang, Gansu)	Liang septentrional
Liang septentrional	Juqu Mengxun	Xiongnu	401-439	Zhangye (aujourd'hui Zhangye, Gansu)	Wei du Nord
Xia	Helian Bobo	Xiongnu	407-431	Tongwan (aujourd'hui Jingbian, Shannxi)	Tuyuhun
Yan septentrional	Feng Ba	Han	409-436	Longcheng (aujourd'hui Chaoyang, Liaoning)	Wei du Nord

Les « Seize Royaumes » ont été nommés d'après « Les Printemps et Automnes des Seize Royaumes » rédigé par Cui Hong. Il s'agit du groupe le plus influent et représentatif de plus de 20 États au nord de la Chine à l'époque.

Étude comparative des civilisations chinoise et occidentale

Tuoba Tao avait une grande confiance en Cui Hao. Il lui a rendu visite personnellement pour demander des conseils sur les affaires militaires et nationales, et a même ordonné aux musiciens de créer des chansons pour le louer. Les nobles Xianbei éprouvaient du mécontentement envers leur empereur qui « écoutait partiellement » Cui Hao, et une tentative échouée de coup d'État comploté par les aristocrates des Xiongnu et des Xianbei s'est produite.

Comme Boèce, Cui Hao n'a pas eu une fin paisible dans sa vie à cause de son implication dans la conscience du groupe ethnique. Lorsqu'il a présidé la rédaction de l'histoire de la dynastie des Wei du Nord, il y a enregistré les vieilles coutumes du « mariage injuste » de l'ère des tribus des Xianbei, et inscrit ces mots sur une stèle qu'il a érigée à côté de la voie principale de la capitale. À ce moment-là, les gens de l'ethnie Xianbei avaient déjà accepté la vision éthique de la Plaine centrale et prétendaient être les descendants des empereurs Yandi et Huangdi ; ils manifestaient ainsi leur colère contre cette « dénonciation » de leurs anciens défauts. À cela s'est ajoutée la guerre déclenchée par l'empereur Wen du Song de la dynastie du Sud, pendant laquelle les nobles Xianbei ont accusé Cui Hao d'insulter leurs ancêtres et de se soumettre secrètement aux Song – car la famille de Cui Hao était tellement grande qu'il y avait des parents dans d'autres branches dans la dynastie du Sud. Tuoba Tao, furieux, a tué tous les membres de la famille de Cui Hao dans la région de Qinghe. À cette époque, Cui Hao, déjà âgé de plus de 70 ans, a essuyé beaucoup d'humiliation[20].

Mais la fusion entre les Han et les Xianbei s'est-elle arrêtée soudainement en raison de l'emprisonnement de Cui Hao ? Non. Cette histoire est différente de celle entre les Goths et Rome.

Contrairement aux nobles romains qui ont trahi à plusieurs reprises les Goths, les autres branches de la famille Cui sont toujours restées sur le territoire de la dynastie des Wei du Nord.

---

20. « Cui Hao, en tant qu'un ministre d'État, a subi une humiliation sans égal. » *Livre des Wei* (Beijing : Zhong Hua Book Company, 1974), p. 826.

L'entrée des Cinq Barbares en Chine et les invasions barbares en Europe

Lorsque l'empereur Xiaowen est monté sur le trône, la famille Cui de la région Qinghe a repris la tête des quatre grands noms. Cui Guang et Cui Liang sont redevenus courtisans des Wei du Nord et ont été chargés de rédiger l'histoire de la dynastie ; Cui Hong a recueilli divers matériaux historiques disponibles, écrit les 100 volumes des « Printemps et Automnes des Seize Royaumes » et enregistré les faits historiques des régimes des Cinq Barbares.

Les Goths se sont dégagés rapidement de l'influence de Rome à cause de la trahison des Romains, tandis que l'affaire de Cui Hao n'a pas poussé Tuoba Tao à « abandonner les affaires en raison des erreurs personnelles de Cui Hao » – il a encore demandé aux enfants des nobles Xianbei d'apprendre le confucianisme. Cui Hao est mort, sa politique a demeuré. Plus tard, l'empereur Xiaowen a promu la réforme de sinisation jusqu'au sommet. Ni les Han ni les Xianbei ne concevaient la politique en termes de gloire et d'humiliation personnelles, ils avaient une compréhension plus profonde sur l'histoire.

12.5 Le détachement des Francs

Après la disparition des Goths de la scène européenne, le royaume des Francs a saisi le destin.

Les Francs sont le seul groupe à ne pas avoir effectué une « grande migration » au cours du « déplacement des Barbares ». Ils vivaient depuis longtemps sur la côte belge et le long du Rhin, et ne sont descendus qu'un peu au sud de leur lieu de résidence.

À peu près au même moment que l'occupation de l'Italie par les Ostrogoths, les Francs s'emparaient de la Gaule et ont fondé la dynastie mérovingienne. Ils ont unifié globalement le territoire de la France actuelle au VIIe siècle, et sont passés à la dynastie carolingienne au milieu du VIIIe siècle. Charlemagne a conquis l'Europe occidentale à l'exception de

Étude comparative des civilisations chinoise et occidentale

l'Espagne, et son territoire avoisinait celui de l'Empire romain d'Occident, et rivalisait avec l'Empire byzantin.

Les Ostrogoths ont été anéantis par les Romains alors que les Francs se sont développés et ont prospéré, pourquoi ? La raison principale est que le roi des Francs, Clovis, s'était convertis au christianisme romain. Connu pour sa cruauté, Clovis pouvait trancher une tête avec une hache de ses propres mains juste après avoir assisté à une réunion religieuse. Clovis a changé de religion et Théodoric a refusé de le faire, les puissances gigantesques de l'Église chrétienne n'ont ménagé ainsi aucun effort pour soutenir Clovis.

À part leur croyance dans le christianisme, les civilisations franque et romaine avaient peu de choses en commun.

Alors que les empereurs romains portaient une couronne de lauriers sur ses cheveux courts, les rois des Francs gardaient toujours les cheveux longs – symbole des barbares, ce qui leur valait le surnom de « rois chevelus ».

Rome était une civilisation urbaine avec des arcs de triomphe et des palais, mais les rois francs préféraient vivre dans des fermes, entourées de granges où on élevait du bétail et des poulets, et où la nourriture et le vin produits par les esclaves pouvaient être vendus. Rome était financée par la taxation fiscale centrale, alors que la famille royale franque dépendait d'une économie de « propriété privée ».

Le droit romain, bien que distinct du droit interne et du droit externe, maintenait au moins formellement l'égalité interne des citoyens romains. Mais le droit coutumier franc imposait une hiérarchie. La loi salique stipulait sévèrement que les vies des Francs valaient mieux que celles des Gallo-Romains vaincus. On devait payer 200 sous pour avoir tué un Franc ordinaire, contre 50 à 100 sous pour avoir donné la mort à un Gaulois ordinaire[21]. Cette distinction entre conquérants et conquis s'est d'abord transformée en disparité ethnique entre Francs et Gaulois,

---

21. Montesquieu, *De l'esprit des lois*, traduit par Zhang Yan (Beijing : Commercial Press, 1963), p. 243.

L'entrée des Cinq Barbares en Chine et les invasions barbares en Europe

puis en différence de classe entre nobles et roturiers. Avant la Révolution française, l'érudit aristocratique Brinvilliers soutenait que les nobles français étaient les descendants des Francs ayant conquis la Gaule et devaient naturellement hériter des privilèges de leurs ancêtres, taudis que le Tiers état français, descendant des Gallo-Romains, devait être gouverné et n'était pas qualifié pour bénéficier de droits politiques[22].

Les preuves occupaient une place centrale dans le droit romain – un droit écrit soutenu par des principes juridiques. Mais les Barbares ont adopté la méthode d'arbitrage simple et le jugement divin, comme par le biais du feu et de l'eau[23]. Lorsque les preuves étaient insuffisantes, ils comptaient sur le « duel », les Romains, qui étaient plus faibles physiquement, abandonnaient souvent les poursuites parce qu'ils ne pouvaient pas vaincre les Francs, qui étaient grands et forts. Cette habitude barbare de recourir à la force au lieu de la raison a même été considérée comme la chevalerie par beaucoup de gens.

Dans les classes moyennes et supérieures de la Rome d'Occident, le système de gouvernement financier et municipal était sophistiqué, et comptait 40 000 fonctionnaires à son apogée. Les Francs ont totalement renoncé à ce système et ont mis en place le système de fiefs féodal. Un fief consistait en une terre concédée par le roi à ses vassaux, formant un lien d'allégeance entre le roi et les seigneurs en fonction de la terre et du service militaire. Au début, la terre ne pouvait pas être héritée de génération en génération, mais au fil du temps, elle est devenue une propriété héréditaire des nobles puissants, constituant le système d'inféodation entre rois, grands, moyens et petits seigneurs en Europe au Moyen Âge. Les seigneurs bénéficiaient de pouvoirs administratifs,

---

22. Kang Kai, « Recherche sur la relation entre les Barbares et l'Empire romain », *Recherche historique*, no. 4 (2014).

23. Une décision difficile est prise à travers les essais de l'eau et du feu : le suspect tient un fer rouge à la main, s'il est blessé, il sera coupable, sinon, il sera innocent ; le suspect est jeté dans un étang, s'il flotte, il sera jugé coupable, sinon, il sera dépourvu de condamnation.

judiciaires, militaires et financiers dans leurs fiefs qui pouvaient ainsi être comparés aux royaumes indépendants. Selon Montesquieu, après la réforme du système de fiefs mise en œuvre par Charles Martel, le pays était divisé en de nombreux fiefs ; il n'était plus nécessaire de faire respecter les lois publiques, ni d'envoyer des fonctionnaires spéciaux dans les territoires locaux pour inspecter et surveiller les affaires judiciaires et politiques[24].

Les autres royaumes barbares annexés par les Francs pendant la guerre d'unification ne construisaient pas, ni ne géraient de provinces comme Rome ; ils les distribuaient à la noblesse et à l'Église) pour maintenir l'autonomie des seigneurs[25]. Les soi-disant rois étaient les plus grands propriétaires. Plusieurs générations de rois francs, après leur mort, ont réparti équitablement leur territoire à leurs fils. La royauté était dispersée, et les rois étaient omniprésents. Après les tribus germaniques, les Slaves ont envahi l'Europe de l'Est, créé leur pays et choisi le même système que les Germains. Il n'y a pas eu d'unification de l'Europe après Rome. Ce n'est qu'en ayant compris cette période d'histoire que nous pouvons saisir la situation actuelle et l'évolution de la politique de l'Europe.

12.6 La politique féodale et la politique des fonctionnaires civils

L'héritage institutionnel de l'Empire romain était à portée de main, pourquoi les Francs ont-ils choisi le système féodal ?

---

24. Montesquieu, *De l'esprit des lois*, traduit par Zhang Yan (Beijing : Commercial Press, 1963), p. 252.

25. Par exemple, après que les Francs ont vaincu les Wisigoths et occupé les Pyrénées, ils ont confisqué toutes les terres comme domaine royal, et les ont conférées aux fonctionnaires francs et aux nobles gothiques comme domaines et territoires autonomes. Un autre exemple, Charlemagne a donné aux moines une grande partie de la Saxe, de la Lombardie, de l'Italie et de l'Espagne conquises comme le territoire de l'Église.

L'entrée des Cinq Barbares en Chine et les invasions barbares en Europe

Le système juridique et politique romain était enregistré dans des codes et livres historiques en latin, mais les dirigeants germaniques n'autorisaient pas leur peuple à apprendre la culture romaine, ce dernier n'était donc pas capable de saisir ces expériences historiques. Par exemple, les garçons gothiques ne pouvaient apprendre que leur langue maternelle mais pas le latin, quiconque n'obéissait pas à cette règle était réprimandé.

Avant le VIIIe siècle, il n'y avait pas de langue écrite au sein des groupes germaniques. Pendant plus de 300 ans au début du Moyen Âge (de 476 à 800), les Germains ne savaient pas écrire en raison de leur refus d'apprendre la langue grecque et romaine. Charlemagne, très curieux en connaissances, parlait un peu le latin, mais ne l'écrivait toujours pas. Aucun empereur romain ne savait écrire. L'empereur Othon, à la même époque que l'empereur Taizu des Song en Chine, n'a commencé à lire qu'à l'âge de 30 ans. Conrad II du Saint-Empire, contemporain de l'empereur Renzong des Song, ne savait pas lire les lettres. La grande majorité des aristocrates féodaux en Europe étaient analphabètes.

Sans savoir écrire, il n'était pas possible de traiter des documents complexes, ni d'établir un système de fonctionnaires civils, ni de faire fonctionner le droit romain précis. Comme le dit l'historien Bloch : « Bien que la plupart des seigneurs et de nombreux grands nobles aient été des magistrats et des juges (nominalement), ils étaient incapables d'étudier un rapport ou un article de loi en tant que magistrat ; le verdict de ces juges était enregistré en une langue qu'ils ne comprenaient pas[26]. » Incapables de mettre en place un système d'administration bureaucratique, ils se sont retrouvés avec un régime féodal simple et facile par lequel un immense pays ne pouvait pas être bien géré. À cette époque, seuls les monastères et les écoles missionnaires cultivaient des élites intellectuelles. Les princes étaient obligés de dépendre des prêtres pour gouverner leur territoire. Charlemagne nommait des évêques pour servir de diplomates et de

---

26. Marc Bloch, *La Société féodale*, traduit par Zhang Xushan (Beijing : Commercial Press, 2004), p. 153.

Étude comparative des civilisations chinoise et occidentale

contrôleurs[27], et la plupart de ses décrets, proclamations et avertissements étaient rédigés par le théologien anglais Alcuin. Pendant des siècles, les ministères des rois francs étaient tous dirigés par des ecclésiastiques. Les prêtres n'étaient pas seulement les interprètes du monde spirituel, mais aussi les détenteurs du pouvoir administratif.

Ceci est différent de la relation Église-État dans l'Empire romain. Le « pape » était déterminé par un édit de l'empereur romain (en 445)[28], et en général l'autorité impériale était supérieure à l'autorité religieuse. Mais dans le royaume des Francs, l'Église et la royauté régnaient ensemble. Le clergé participait non seulement pleinement au gouvernement, mais également devenait grand seigneur, résistant avec succès aux tentatives d'imposition du roi à plusieurs reprises[29]. Le transfert du pouvoir administratif par les Francs est devenu le fondement de la montée en puissance de « l'église universelle ». À l'origine, il y avait un patrimoine précieux dans les traditions germaniques, telle que la démocratie représentative, qui découlait de leur démocratie militaire plutôt que du régime gouvernemental romain, mais les Germains ne réussissaient pas à bien greffer le système romain, conduisant à des siècles de monopole religieux.

Certains chercheurs sont d'avis que les Germains choisissaient l'autonomie et le féodalisme par « la nature de la liberté ». Par exemple, Montesquieu pensait que les tribus germaniques aimaient naturellement le mode de vie de la « séparation » et de « l'indépendance ». « Ces nations étaient partagées par des marais, des lacs et des forêts [...] elles aimaient

---

27. Thompson, *Economic and Social History of the Middle Ages*, traduit par Geng Danru (Beijing : Commercial Press, 1961), p. 350.

28. En 445, l'empereur romain Valentinien III publie un édit à l'évêque de Rome de l'époque, Léon, pour reconnaître la primauté de l'Église romaine dans le monde catholique occidental. Selon l'édit, les lois adoptées par l'évêque romain doivent être appliquées par toutes les églises du monde chrétien ; les évêques d'autres paroisses, si convoqués par l'évêque romain, doivent obligatoirement répondre à la convocation, ceux qui le refusent seront convoyé sous escorte à Rome. Dès lors, Léon Ier se proclame Pape.

29. Thompson, *Economic and Social History of the Middle Ages*, traduit par Geng Danru (Beijing : Commercial Press, 1961), p. 297.

L'entrée des Cinq Barbares en Chine et les invasions barbares en Europe

à se séparer. [...] Tous ces peuples, dans leur particulier, étaient libres et indépendants ; et, quand ils furent mêlés, l'indépendance resta encore. La patrie était commune, et la république particulière ; le territoire était le même, et les nations diverses. »[30] Par conséquent, les royaumes germaniques sont restés indépendants et dispersés, et n'ont pas poursuivi l'intégration les uns avec les autres, formant ainsi un paysage polycentrique.

En Chine, les Cinq Barbares étaient également des nomades des prairies et des forêts ; ils étaient divisés par les déserts, les bois et les vallées ; ils étaient attachés à la liberté et aussi soumis à la « dispersion » naturelle de la société nomade. Cependant, ils n'ont pas emprunté la voie de l'autonomie et de l'inféodation qui convenaient mieux à la nature nomade, mais ont pris l'initiative de restaurer le système de fonctionnaires centralisé avec la participation de nombreux groupes ethniques. Le régime des Cinq Barbares était multiethnique, jamais une ethnie n'occupait une place unique dans un État[31] ; le gouvernement politique était aussi assumé par des fonctionnaires d'ethnies différentes, qui ne recouraient jamais à la procuration de la religion. Les monarques des Cinq Barbares étaient principalement bouddhistes, mais ils n'ont jamais eu à fonder

---

30. Montesquieu, *De l'esprit des lois*, traduit par Zhang Yan (Beijing : Commercial Press, 1963), p. 241.

31. Au Zhao antérieur des Xiongnu, parmi les 263 fonctionnaires dénombrés, 114 étaient Xiongnu (y compris la famille impériale), 131 Han et 18 d'autres groupes ethniques. (Il y avait 281 fonctionnaires à l'époque des Yan postérieurs. Parmi les 175 fonctionnaires centraux, 45 étaient des Murong, 19 d'autres familles Xianbei, 18 d'autres minorités ethniques et 56 de l'ethnie Han (l'origine de 37 personnes n'était pas précise) ; parmi les 110 responsables militaires, 30 étaient des Murong, 15 d'autres familles Xianbei, 15 d'autres ethnies, 20 des Han (l'origine de 30 personnes était incertaine) ; parmi les 93 fonctionnaires locaux (dont 34 au niveau préfectoral), 22 personnes étaient des Murong (18 au niveau préfectoral), 8 d'autres familles Xianbei, 4 d'autres ethnies, et 43 Han (l'origine de 16 personnes était incertaine). Pendant les Qin postérieurs, on dénombrait 32 fonctionnaires centraux, dont 6 venaient de la famille impériale, 19 étaient Han, 3 Qiang, 3 Di et 1 Xiuguan. Selon les statistiques, parmi les 66 fonctionnaires, 27 étaient Tiefu, 26 Han, 4 Xianbei, 4 Xiongnu, 2 Qiang, 2 Tuyuhun et 1 Tuge.) Zhou Weizhou, *Histoire du Zhao antérieur* (Beijing : Social Science Literature Publishing House, 2019), p. 203.

Étude comparative des civilisations chinoise et occidentale

leurs décisions politiques sur le bouddhisme, pas plus qu'ils n'ont eu besoin du bouddhisme pour mobiliser la base. Cela est dû au système de fonction publique bien développé et à leur capacité d'utiliser le régime gouvernemental. Sous la dynastie des Wei du Nord, le bouddhisme a prospéré de manière exceptionnelle et presque toutes les grottes bouddhistes célèbres ont été creusées à cette époque. Il y avait des dizaines de milliers de monastères et des millions de moines, qui détenaient un grand nombre de propriétés foncières. Ils étaient aussi grands propriétaires fonciers que l'Église franque.[32]. Par contre, les rois de la dynastie du Nord n'étaient pas restreints par la religion, tout au contraire, ils fermaient des temples, récupéraient des terres et réinscrivaient la population dans l'état civil.

12.7 La division et la fusion du monde

En 800, Charlemagne se fait couronner souverain du « Saint-Empire romain germanique » par le pape. Le royaume des Francs est-il devenu l'« empire romain » après ce couronnement ? Cette question a provoqué les débats dans les milieux universitaires européens pendant des siècles. Les historiens ont dû admettre que les Francs ne s'intéressaient pas totalement à la « succession de Rome ». Charlemagne a déclaré qu'il n'aimait pas le titre d'empereur des Romains ; s'il avait su que le pape voulait le couronner, il ne serait pas entré dans la basilique Saint-Pierre[33]. Charlemagne a conservé le titre de « Roi des Francs et des Lombards » après être devenu empereur, et dans son testament, en l'an 806, il a partagé l'Empire entre ses fils, et n'a fait aucune mention de la dignité d'empereur.

---

32. « Xuzangjing du caractère 卍 », dans Chen Menglei (dir.), *Collection des ouvrages anciens et modernes, Recueil des contes des dieux et monstres II*, vol. 88, p. 464.

33. Éginhard, *Vie de Charlemagne*, traduit par Qi Guogan (Beijing : Commercial Press, 1979), p. 30.

L'entrée des Cinq Barbares en Chine et les invasions barbares en Europe

La statue assise de Shakyamuni, « Grand bouddha à ciel ouvert », de la grotte 20 de Yungang, est un symbole brillant des statues de bouddha de ces grottes. On suppose qu'elle a été sculptée à l'image de l'empereur Daowu, fondateur de la dynastie des Wei du Nord.

Les Francs n'admiraient pas Rome. En 961, l'empereur romain Othon Ier a envoyé un évêque lombard à l'Empire byzantin. Les Byzantins estimaient qu'il n'était pas qualifié pour représenter les « Romains ». L'évêque a répondu que c'était une injure de prononcer le mot « Romains » au royaume des Francs[34].

La volonté des Francs de se séparer de Rome s'est exprimé le plus clairement dans les livres d'histoire des Francs.

---

34. Liutprand réplique que chez eux, le mot « Romain » est une insulte. En tant que générations postérieures de Romulus, les Romains sont les descendants de tueur de frère, le produit de l'adultère. Ils ont rassemblé à Rome des voyous insolvables, des esclaves en fuite, des meurtriers et des criminels. Helmut Reimitz, *History, Frankish Identity and the Framing of Western Ethnicity* (Cambridge : Cambridge University Press, 2015), pp. 199-212.

Étude comparative des civilisations chinoise et occidentale

À l'âge d'or de l'Empire romain, les annales romaines ressemblaient à « la convergence de cent fleuves vers la mer » – les « fleuves » de différents royaumes et groupes ethniques confluaient pour entrer dans le monde romain. Le « projet de Dieu » s'est réalisé dans l'Empire romain. Mais dans leurs propres histoires, les Goths et les Francs soulignaient l'origine indépendante de leurs tribus et excluaient Rome. Les « invasions violentes » des provinces occidentales par les Barbares sont devenues « l'héritage naturel ». Ce « mouvement de création d'histoire » a culminé dans la *Chronique de Frédégaire* des Francs – « l'ordre romain » n'a même jamais existé, le « monde romain » a consisté dès le début en développement parallèle d'une série de peuples et de royaumes, et ne s'est finalement pas intégré dans l'Empire romain. Les Romains n'étaient qu'un des nombreux groupes ethniques.

L'outil pour expliquer cette transformation est la notion d'« ethnicité »[35], qui a renforcé l'identité des Germains, libérant ainsi le monde germanique de l'ordre romain auquel il était attaché. La « division des groupes ethniques » est devenue une caractéristique centrale du monde germanique.

L'Empire de Charlemagne était composé de différents « groupes ethniques ». Les historiens de la cour dépeignaient l'empire comme une union de Francs, Bavarois, Alamans, Thuringiens, Saxons, Burgondes et Aquitains ; leur point commun était le christianisme. La vision européenne de l'histoire est passée ainsi du « seul gouvernement par Rome » à la « division multiethnique du monde ».

---

35. « Une ethnie est un groupe de personnes qui partagent une même origine et se différencient d'une autre nation (natio) par leurs propres affinités, telles que 'les ethnies grecques' ou 'les ethnies d'Asie mineure'. [...] Le mot ethnie provient ainsi de la génération familiale, soit du mot 'gignendo', tout comme le mot 'nation' vient de 'naissance' (nascendo). » Wang Qingjia et Li Longguo (dir.), *Fragmentaion et transformation : histoire et science de l'histoire eurasiatique après les empires* (Shanghai : Shanghai Classics Publishing House, 2017), p. 290.

L'entrée des Cinq Barbares en Chine et les invasions barbares en Europe

La vision historique des régimes des Cinq Barbares en Chine était complètement différente de celle des Barbares européens. Il ne s'agissait pas de « la division du monde » par l'isolement ethnique, mais de « la fusion du monde » à travers l'intégration ethnique[36].

En termes d'identité ethnique, dans l'histoire européenne des Barbares, on a tenté de couper complètement leur relation avec Rome. Les Barbares recherchaient le mythe des ancêtres lointains de leur propre groupe ethnique, et prouvaient qu'ils étaient des « étrangers » par rapport au monde romain. Mais dans les livres historiques chinois des Cinq Barbares, on s'efforçait de démontrer le lien étroit entre l'origine de leurs tribus et « la Chine » (« Huaxia »). La plupart des rois des Cinq Barbares voulaient justifier qu'ils étaient des « parents » des Chinois en termes de géographie et de sang, des descendants de Yandi et Huangdi.[37]

Quant au gouvernement ethnique, les Barbares européens avaient établi des cloisonnements artificiels par le biais de lois et interdisaient le mélange des groupes ethniques. Mais les régimes des Cinq Barbares préconisaient toujours une vie mixte de plusieurs groupes ethniques. Sous les deux dynasties des Han, les groupes nomades étaient encore gérés conjointement par les chefs de tribus et les fonctionnaires de la cour, alors

---

36. Xue Juzheng (dir.), *Ancienne histoire des Cinq dynasties* (Beijing : Zhong Hua Book Company, 1976), p. 1528.

37. Liu Yuan est « le neveu d'une famille Han » en raison de l'alliance entre Han et Xiongnu (Liu Yao se prétendait être le descendant de la dynastie des Xia, et comme le mentionne *Shiji,* les Xiongnu étaient les descendants des Xia), la famille de Murong a pour ancêtre « Yan Yue, fils laissé par Gaoxin qui avait voyagé au bord de la mer, et qui avait rendu service aux étrangers du Nord », la famille de Fu est originaire « de l'ethnie Miao et a toujours été chef de Xirong », la famille Yao remonte « au jeune fils de Shun dont le titre de chef de Xirong a été conféré par Yu, et dont les générations suivantes ont dirigé l'ethnie Qiang », la famille Tuoba reconnaît « le jeune fils de Changyi, honoré au Nord » comme leur ancêtre, la famille de Yuwen se prétendait de « la lignée de Yandi qui avait été vaincu par Huangdi, et dont les descendants s'étaient retirés dans le territoire barbare du Nord ». *Livre des Jin · Zaiji* (Beijing : Zhong Hua Book Company, 1974) ; *Histoire de la dynastie du Nord · Benji* (Beijing : Zhong Hua Book Company, 1974).

Étude comparative des civilisations chinoise et occidentale

que la politique démographique développée par les Cinq Barbares eux-mêmes a consisté en une migration, une intégration et un enregistrement de ménages plus approfondis. Il y avait 50 fois plus de migrations massives sous les régimes des Cinq Barbares[38], concernant souvent plus d'un million d'habitants, et tous ces déplacements ont eu lieu dans la zone centrale[39]. La dynastie des Wei du Nord a mis en œuvre des mesures plus radicales, en annonçant directement le slogan « séparer les tribus, répartir la terre pour s'y installer », en brisant le système de chefferie tribale et en appliquant l'enregistrement officiel précis des états civils.

À propos de la vision du monde, les Barbares européens insistaient sur le fait que l'identité de l'« ethnie » déterminait celle de la civilisation, alors que les Cinq Barbares chinois soulignaient que l'identité de la civilisation était décidée par la vertu au lieu de l'ethnie. Les rois des Cinq Barbares citaient souvent le point de vue de Mencius : « Shun vient d'un pays barbare de l'Est, le roi Wen est d'origine barbare ouest, tant que leurs vertus profitent à tout le pays, ils passent tous pour des sages chinois. » D'où l'idée « la royauté est instable, seule la vertu nous confère le pouvoir ».

Concernant la question de l'unification, les Barbares européens estimaient que le monde romain ne devait pas être unifié, qu'il fallait le diviser et le gouverner par plusieurs ethnies. Mais les Barbares chinois

---

38. Motosuke Nishimura, *Études sur l'histoire économique chinosie* (Kyoto : Oriental History Research Association, 1968), pp. 96-99.

39. Pendant les Zhao antérieurs fondés par les Xiongnu, 630 000 ménages Han, Di et Qiang ont migré vers la capitale (Pingyang, Chang'an) ; pendant les Zhao postérieurs des Jie, des millions d'habitants Han, Wuhuan, Xianbei, Ba, Di et Qiang se sont déplacés et ont été installés dans des villes importantes sur le plan politique et militaire ; pendant la période des Yan antérieurs, la population s'élevait à dix millions après la migration des habitants Duan, Gaogouli, Yuwen, Fuyu et Jie ; pendant les Qin antérieurs des Di, les Xianbei, Wuhuan et Dingling qui habitaient loin sont venus au Guanzhong, et les 150 000 Di de la même région ont déménagé au Guandong dans des « villes dispersées » ; pendant les Qin postérieurs des Qiang, les habitants errants partout et ceux de Yong et Liang se sont déplacés vers le Guanzhong, et le nombre de cette population a atteint plus d'un million. *Livre des Jin · Zaiji* (Beijing : Zhong Hua Book Company, 1974).

L'entrée des Cinq Barbares en Chine et les invasions barbares en Europe

trouvaient l'unification du monde chinois obligatoire et la division impossible ; quel que soit le groupe ethnique au pouvoir, la grande unification était considérée comme l'objectif politique ultime.

Sur le plan de la construction du système politique, les Barbares européens ne tenaient pas à hériter de l'Empire romain d'Occident, et encore moins à rivaliser avec la Rome d'Orient pour être reconnus orthodoxes. Les Cinq Barbares, quant à eux, se servaient de divers moyens pour placer leurs régimes dans la séquence de la Chine légitime, et étaient chaque année en concurrence avec la dynastie du Sud pour le statut de la « vraie » Chine.

Après plus de 300 ans de mélange et d'intégration ininterrompus, les groupes ethniques Hu et Han ont fini par former une nouvelle communauté ethnique – les peuples Sui et Tang. Le peuple de la Chine du Nord d'aujourd'hui a le sang mélangé des Hu et Han. Les gens de l'ethnie Han sont un groupe ethnique important qui résulte de la fusion de l'ethnie Xia et d'autres groupes environnants sous les dynasties des Shang et Zhou. Au cours de cette grande intégration, il ne s'agissait pas d'assimilation mutuelle, mais d'une mutualisation de multiples parties. Les régimes naissaient et disparaissaient, les groupes ethniques prospéraient et déclinaient. Mais vu que tous les groupes qui arrivaient au pouvoir adoptaient une politique de mixité et d'intégration, le nombre de gens Han augmentait sans cesse. Ce qui nous ramène alors à une vieille question : sur quelle dynastie les gènes de la lignée Han doivent-ils être basés ? Après tout, l'histoire de l'intégration à grande échelle de la nation chinoise a commencé il y a déjà 2 000 ans.

Si l'on ne saisissait pas cette vision de l'histoire, on ne comprendrait pas pourquoi les rois des Cinq Barbares gardaient des traditions ancestrales dans leurs mœurs, mais du point de vue politique, ils suivaient l'exemple des empereurs Han plutôt que leurs propres ancêtres héroïques[40] ; on ne

---

40. Shi Le imite Liu Bang en paroles et en actes. Fu Jian se fixe pour objectif de surpasser les « empereurs Wu et Guangwu des Han ». Gu Chengshen exhorte Yao Chang

Étude comparative des civilisations chinoise et occidentale

comprendrait pas non plus pourquoi les Cinq Barbares refusaient de se détacher de la civilisation chinoise, comme l'ont fait les Francs à l'égard de Rome – faibles ou forts, ils se fixaient pour objectif d'« unifier les Chinois et les Barbares[41] ».

Les Germains étaient habitués à « vivre séparément et indépendamment », alors que les groupes ethniques chinois avaient toujours une « ambition mondiale ». Lorsque les Lombards ont fait face à l'ironie de l'empereur de Rome d'Orient, ils lui ripostaient en disant qu'ils se moquaient de cette identité romaine. Mais quand les hommes des Wei du Nord ont été confrontés à la dérision des gens de la dynastie du Sud, ils leur répliquaient en déclarant qu'ils étaient les vrais héritiers de la civilisation chinoise. Cela s'explique par le fait que les Wei du Nord occupaient non seulement la Plaine centrale, mais « changeaient les us et coutumes » et « développaient les rites et les règlements »[42] dans le domaine culturel.

Cette affirmation n'est pas exagérée. Lorsque Liu Yu a usurpé le trône à la fin de la dynastie des Jin de l'Est, un grand nombre d'intellectuels de

---

de s'insurger sous le prétexte de « la renaissance des Han et Wei » (*Livre des Jin · Yao Chang Zaiji*). Même l'empereur Yuwen Yu, qui a été réprimé par le puissant ministre Yuwen Hu, se réfère également au *Chant du vent* de Liu Bang pour exprimer son ambition : « C'est comme si je traversais la rivière Baishui, et entrais dans le district de Xinfeng. [...] Je lève le verre pour inviter les vétérans à boire, et j'entends chanter le *Chant du vent* aujourd'hui. »

41. Shi Le aime écouter l'histoire. Il est choqué lorsqu'il entend que Li Yiji cherche à persuader Liu Bang de diviser le pays en six royaumes, et est soulagé quand il sait que Zhang Liang empêche l'empereur ; le grand empereur Daowu des Wei du Nord déclare qu'il envisage d'« accomplir la mission des Annales des Printemps et Automnes et réaliser le rêve d'unification » (*Livre des Wei · Annale de Taizu*) ; l'empereur Jiemin des Wei du Nord se dit « honteux d'être le chef de tous les pays », et a pour ambition de « standardiser la langue et la voie des Hua et Yi » ; Helian Bobo regrette de « ne pas unifier les quatre coins et laisser les bandits agir en tyran », annonce sa vocation de « restaurer la cause de Yu », détermine le nom du pays comme « Xia » (de « Huaxia »), fonde la capitale « Tongwancheng » symbolisant « l'unification du monde et la domination de mille pays ».

42. Yang Xuanzhi, *Luoyang Jialanji (version révisée)*, vol. 2, révisé par Yang Yong (Beijing : Zhong Hua Book Company, 2002), p. 113.

L'entrée des Cinq Barbares en Chine et les invasions barbares en Europe

la dynastie du Sud « se sont déplacés vers le Nord ». À la fin de la dynastie des Wei du Nord, Luoyang a été construite comme « une grande ville » avec la surface d'une centaine de kilomètres carrés. Les gens de la dynastie ont absorbé avec empressement le système officiel, la mode vestimentaire, les rites, la calligraphie, la peinture et la littérature de la dynastie du Sud, et ont réalisé des innovations dans ces domaines[43]. Il y avait beaucoup plus d'érudits confucéens reliant le Nord et le Sud dans l'étude des classiques que la dynastie du Sud. À tel point qu'en 529, après que Chen Qingzhi de la dynastie du Sud s'est emparé de la ville de Luoyang, il a soupiré après avoir discuté avec les habitants du Nord, disant que les gens du Sud pensaient toujours qu'« au nord du fleuve Yangtsé, il n'y avait que des Barbares », mais en réalité, « les vrais nobles se trouvaient dans la Plaine centrale ». Dans la dynastie du Nord, « les rites étaient compliqués et les habitants aisés », mais lui, il « n'en connaissait rien et ne pouvait même pas en parler ». Ainsi, rien d'étonnant à ce que « les gens du Nord en étaient fiers. » Les Cinq Barbares recherchaient les succès militaires, et s'engageaient aussi dans la fusion et l'innovation culturelles. Mais les Germains, de leur côté, n'avaient pas cette ambition.

Les Cinq Barbares ont réussi. Les dynasties du Nord et du Sud ont conjointement façonné les cultures des Sui et des Tang qui ont suivies. Par rapport à la simplicité et à la modération de la littérature et de l'art de la dynastie Han, les dynasties Sui et Tang faisait preuve d'une plus grande splendeur et profondeur. Les statues des grottes de la dynastie des Wei du Nord, et Qi septentrional et des dynasties Sui et Tang combinaient l'art gréco-bouddhique, l'art des Gupta et le style des Wei et Jin. Les sept et neuf morceaux de musique des Sui et Tang comprennent à la fois des airs de la Plaine centrale (« Qingshang Ji », « Wenkang Ji ») et de la musique exotique

---

43. Par exemple, l'empereur Xiaowen a absorbé le système de fonctionnaires de la dynastie du Sud et transformé les neuf rangs officiels en 30 niveaux ; quant à la calligraphie de la dynastie du Nord, il y a non seulement la stèle Wei « splendide, saisissante et solennelle », mais aussi la beauté unissant la force à la douleur de Wang Xizhi et Wang Xianzhi.

Étude comparative des civilisations chinoise et occidentale

qui prévalait dans la dynastie du Nord (« Gaoli Ji », « Tianzhu Ji », « Anguo Ji », « Qiuci Ji »). Le pipa, né dans les régions de l'Ouest, est également devenu l'objet de l'expression artistique du peuple Tang. Les styles nord-asiatique et perse n'étaient pas vus comme des cultures « hétérogènes », et étaient aimés de tous les groupes ethniques chinois.

Les Cinq Barbares ont-ils alors perdu leur propre identité ou plutôt gagné un plus grand ego ?

Si l'on ne comprenait pas cette « aspiration vers un monde uni », on risquerait de percevoir « l'intégration ethnique » comme « l'assimilation ethnique », « la fusion culturelle » comme « l'appropriation culturelle ». Si l'on réfléchissait selon le paradigme étroit du nationalisme européen, on se bornerait à la culture politique de l'identité ethnique.

CHAPITRE 13

LA COMPARAISON ENTRE LA CHINE ET L'OCCIDENT

13.1 Le gouvernement autonome et le système de préfectures et districts

Les visions historiques sont différentes selon les civilisations. Les Cinq Barbares chinois ont diffusé la « logique d'union » de la civilisation chinoise, alors que les Barbares européens ont répandu la « logique de division » de la civilisation romaine.

Bien que l'Empire romain dispose d'un système de fonction publique au niveau supérieur, son essence restait toujours l'autonomie au niveau local. Quel que soit le type de système politique adopté par les pays européens plus tard, le cadre de gouvernement national a naturellement recelé les formes d'autonomie urbaine, ethnique et seigneuriale – de la démocratie cité-État de la Grèce antique aux villes autonomes de l'Empire romain, des royaumes féodaux avec la construction de nombreux châteaux au début du Moyen Âge, aux républiques urbaines italiennes (telles que Venise et Gênes) à la fin du Moyen Âge, des républiques en Amérique du Nord créées en fonction du projet « petite république », aux États-nations établis en Europe selon le modèle « une nation, un État ».

Étude comparative des civilisations chinoise et occidentale

À chaque époque, dans la vision historique institutionnelle et l'identité des valeurs des Européens, l'autonomie locale a constitué le code central. De la découverte par Tacite de « la liberté des Barbares », à l'éloge fait par Montesquieu de leur caractère indépendant et séparatif[1], de la réflexion de Guizot sur l'esprit de représentation issu de la tradition anglo-saxonne de l'autogouvernance locale[2], à l'autonomie des cantons soutenant la démocratie américaine sur laquelle enquête Tocqueville[3], cette histoire a été résumée de façon appropriée par Qian Mu : « En analysant l'histoire européenne, nous pouvons découvrir que depuis la Grèce antique, les Européens sont toujours en désagrégation, ils créent leur pays indépendamment et ne coopèrent jamais. Même confrontées à des ennemis et des crises, les différentes régions ne s'entraident pas et demeurent séparées. [...] L'histoire occidentale semble complexe mais en fait, elle est toute simple. La complexité est à l'extérieur, la simplicité est à l'intérieur. [...] Les soi-disant Britanniques et Français dans l'histoire occidentale ne ressemblent qu'à une unité chimique. Les Chinois dans l'histoire chinoise sont semblables à un réactif mixe. »[4]

À la différence des pays occidentaux, quelle que soit la superstructure que construit la Chine, le fondement de sa gestion nationale est la

---

1. Montesquieu, *De l'esprit des lois*, traduit par Zhang Yan (Beijing : Commercial Press, 1963), p. 241.

2. François Guizot, *Histoire du gouvernement représentatif en Europe*, traduit par Zhang Qingjin (Shanghai, Fudan University Press, 2008), p. 240.

3. Tocqueville souligne que les lois et institutions, en particulier le sentiment public, sont susceptibles de permettre à un pays démocratique de maintenir la liberté. Les lois et institutions et le sentiment public des Anglo-Américains sont les raisons spéciales et les facteurs décisifs de leurs progrès considérables. Le sentiment public le plus important des Américains est l'autonomie des bourgades. « Le système de bourgades limite la tyrannie de la majorité, et permet également au peuple de s'habituer à la liberté et de maîtriser l'art d'exercer la liberté. » Alexis de Tocqueville, *De la démocratie en Amérique*, traduit par Dong Guoliang (Beijing : Commercial Presse, 2004), pp. 356, 332.

4. Qian Mu, *Méthodologie de recherches sur l'histoire chinoise* (Beijing : Jiuzhou Press, 2012), p. 113.

L'entrée des Cinq Barbares en Chine et les invasions barbares en Europe

gouvernance de base des districts et cantons[5]. Comme le dit Finer, « la Chine est 'l'inventrice' de la forme moderne de gouvernement[6] ». Depuis la création d'un État unifié avec le système central de préfectures et districts sous les dynasties des Qin et Han, la construction d'un pouvoir politique de base a été intégrée dans le système de fonctionnaires civils envoyés et gérés par le gouvernement central. Bien qu'il y ait eu des divisions féodales de très courte durée dans l'histoire, le système central de préfectures et districts est toujours demeuré le courant dominant. En effet, il existait certaines variantes du féodalisme en Chine, comme le système de fiefs sans pouvoir politique réel, et le système de coopération entre les fonctionnaires et la noblesse de base, mais il s'agissait d'autonomies limitées ; le pouvoir de l'État était déjà ancré dans chaque cellule de la structure sociale, et il n'y avait pas d'autonomie fondamentale à l'européenne.

L'autonomie et le pouvoir politique de base témoignent de la différence de la logique des deux civilisations.

Les Européens tendent à dire que la faiblesse de la centralisation réside dans le fait qu'un petit événement pourrait avoir des répercussions sur l'ensemble – les rébellions locales sont susceptibles de se propager facilement pour devenir des émeutes nationales. Les révoltes dans l'histoire romaine ont été déclenchées au niveau local (à l'exception de la rébellion

---

5. Sous la dynastie Han, bien qu'il n'y ait que deux niveaux d'administration locale – les préfectures et les districts, le système politique de base en dessous des districts est complet. L'administrateur civil des préfectures et les magistrats des districts sont désignés par le gouvernement central. Les districts sont divisés en canton et village, gérés par les « trois maîtres » qui sont chargés de l'éducation et non de la gestion sociale ; les affaires concrètes sont assumées par Sefu, Youyi et Youxi. Sefu et Youyi sont responsables de l'imposition, l'organisation de la corvée et la justice, alors que Youyi est en fait le chef de police. Sous le canton, est établi le pavillon, administré par le chef de pavillon qui maintient la loi et l'ordre et gère la poste et la police. Sous le pavillon est instauré le village, géré par le chef de village. S. E. Finer, *The History of Government*, vol. 1, traduit par Ma Bailiang et Wang Zhen (Shanghai : East China Normal University Press, 2010), p. 332.

6. S. E. Finer, *The History of Government*, vol. 1, traduit par Ma Bailiang et Wang Zhen (Shanghai : East China Normal University Press, 2010), p. 71.

Étude comparative des civilisations chinoise et occidentale

des bagaudes), prouvant l'avantage de l'autonomie de base. Finer estime que « le soulèvement paysan à la chinoise qui a menacé la survie de l'empire des Han ne s'est jamais produit à Rome[7] ».

Les Chinois, de leur côté, sont surpris de constater le choc des civilisations causé par la race et la religion en Europe après Rome et qui a persisté pendant plus de mille ans. Du Ve au VIIe siècle, ont éclaté 6 guerres entre l'Empire byzantin et la Perse ; du VIIe au XIe siècle, la guerre entre les Arabes et les Byzantins a duré 400 ans ; du VIIIe au XVe siècle, les chrétiens et les musulmans espagnols se sont battus pendant 800 ans ; du XIe au XIIIe siècle, 8 croisades ont été menées en vue d'occuper la région de la Méditerranée orientale ; du XIIIe au XVe siècle, se sont produites la guerre entre les Byzantins et les Ottomans et la guerre entre les Écossais et les Britanniques ; de 1618 à 1648, c'est la guerre de religion de 30 ans dans laquelle toute l'Europe a été impliquée ; les nations et les religions ne se sont jamais véritablement réconciliées pendant les siècles écoulés. Nous pouvons dire qu'en termes de « gouvernement culturel », la civilisation chinoise devance tous les autres pays antiques. Même Finer, qui exprime une préférence pour « l'autonomie romaine », doit admettre que « l'Empire Han est différent des autres pays et empires avant et après son époque, Rome en particulier. Il méprise la gloire militaire. C'est un empire qui s'oppose sincèrement au militarisme et qui se caractérise par 'l'éducation', soit le *'wen'* (la culture) pour les Chinois. Cette tolérance religieuse (peut-être simplement l'indifférence vis-à-vis de la religion) et la mise en valeur de l'éducation culturelle constituent l'idéal glorieux de l'empire »[8].

La société occidentale a choisi de vivre dans une « petite communauté », de la politique des cités-États à l'autonomie féodale, des petites républiques à l'autonomie rurale américaine, et qui ont finalement évolué

---

7. S. E. Finer, *The History of Government*, vol. 1, traduit par Ma Bailiang et Wang Zhen (Shanghai : East China Normal University Press, 2010), p. 348.

8. S. E. Finer, *The History of Government*, vol. 1, traduit par Ma Bailiang et Wang Zhen (Shanghai : East China Normal University Press, 2010), p. 350.

L'entrée des Cinq Barbares en Chine et les invasions barbares en Europe

vers la suprématie libérale des droits individuels. Il existait également des « petites communautés » dans la société chinoise, telles que les grandes familles, les trois « maîtres » (les responsables du village chargés de l'éducation dans les temps anciens), la noblesse à la campagne et des associations civiles, mais on poursuit toujours une « grande communauté », c'est-à-dire « la famille, le pays et le monde ».

De nombreux chercheurs occidentaux, comme Downing, Charles Tilly, McNeill et Michael Mann, sont convaincus que la division et le chaos du Moyen Âge en Occident ont plutôt apporté des progrès. Selon eux, les guerres ayant eu lieu dans l'Europe pré-moderne ont donné naissance aux armées permanentes européennes, au système de fonctionnaires rationnel, aux États-nations modernes et au capitalisme industriel européens[9]. Ce type de guerres locales à faible intensité, qui a duré des centaines d'années et dans lesquelles aucune partie n'a pu être anéantie complètement, a permis aux vaincus d'en tirer le meilleur parti et de développer de façon cumulative les technologies. La fragmentation et l'existence de classes dans la société féodale ont été propices à la production de capital commercial, et à l'émergence de villes indépendantes contrôlées par le commerce, ce qui a facilité la voie vers le capitalisme. La féodalité, la faiblesse des États et le système de concurrence multinationale expliquent la place prédominante de l'Europe par rapport à toutes les autres civilisations anciennes à l'ère moderne.

Ces chercheurs occidentaux sous-entendent que la Chine était trop unifiée et n'avait pas connu de guerres locales de longue durée ni de système multi-concurrentiel, que la Chine était trop centralisée et manquait de villes autonomes contrôlées par des aristocrates héréditaires et des

---

9. Par exemple, en Grande-Bretagne et en France, sous l'impulsion de la guerre de Cent Ans (de 1337 à 1453), ont été générées à la fois une armée régulière subordonnée au roi et une capacité d'imposition directe auprès du peuple. Mais sous la contrainte des multiples forces, comme la noblesse, l'Église et la bourgeoisie urbaine, la puissance étatique en Europe n'a jamais pu se développer comme en Chine. Zhao Dingxin, « La source historique de la grande unification chinoise », *Beijing Cultural Review*, no. 6 (2009).

Étude comparative des civilisations chinoise et occidentale

marchands, et que le capitalisme industriel ne pouvait ainsi en aucun cas être généré. En conséquence, la « grande unification » est devenue un obstacle au progrès historique. Mais si on demande aux Chinois : sont-ils prêts à endurer mille ans de « Jungle des Royaumes combattants » et de « conflits ethnico-religieux » en échange de la naissance du capitalisme primitif ? La réponse du courant principal sera certainement non. La période des Printemps et Automne était caractérisée par les combats de plusieurs pays et la mise en place du système d'inféodation. Qin est parvenu à unifier les six pays et Han a tenu à « hériter du système Qin » malgré l'opinion publique sur la « tyrannie des Qin », c'est parce que la guerre de 300 ans des Royaumes combattants a poussé le peuple à arriver à une conclusion commune – « Le monde souffre des combats interrompus et attend le roi. » La Chine a traversé cette étape, mais elle l'a franchie et abandonnée. Les soi-disant « armées permanentes » et « système de fonctionnaires rationnel » existaient déjà en Chine sous les dynasties des Qin et Han, devançant l'Europe de 1 800 ans. Le test véritable de la transformation moderne de la civilisation chinoise est, sur la base du maintien de la grande unification, de réaliser en même temps l'ordre et la liberté et de revêtir la beauté des systèmes de « grande communauté » et de « petite communauté ». Il s'agit d'un critère plus élevé que le libéralisme et le pluralisme de l'Occident.

13.2 La Chine et l'Asie intérieure

Les centristes occidentaux comprennent souvent d'autres civilisations à l'exemple de Rome et du royaume des Francs. Par exemple, concernant la « monarchie composée » des Francs, ils considèrent que l'identité patriarcale de Charlemagne comme le « roi des Francs et des Lombards » est primaire, et que son identité d'empereur romain était secondaire. L'empire de Charlemagne était une union multiethnique. Si l'empereur publiait un édit de séparation, l'empire était sur-le-champ divisé en Italie, France et Allemagne. Certains chercheurs ont transféré ce paradigme à la Chine.

L'entrée des Cinq Barbares en Chine et les invasions barbares en Europe

Par exemple, des spécialistes américains sur l'histoire de la dynastie des Qing déclarent que l'empereur Qing était aussi un monarque composé d'identités différentes, telles que le patriarche des Mandchous, l'empereur de la nationalité Han, le Khan des Mongols et l'incarnation de Manjushri au bouddhisme tibétain. L'unification de la Plaine centrale, du nord-est, de la Mongolie intérieure et du Tibet reposait entièrement sur les « identités multiples » de l'empereur en tant que lien unique ; une fois la famille impériale désintégrée, tous les groupes ethniques se sont libérées. Cette opinion ignore complètement le système de gouvernement des Mandchous, de la Mongolie, du Tibet et de la Plaine centrale. La dynastie des Qing a mis en place le système de préfectures et districts de manière flexible dans le Nord-Est et aboli rapidement la politique de ségrégation Mandchous-Han dans les villes. Même s'il existait temporairement un pouvoir de gouvernement interne des tribus, il s'est finalement transformé en système de préfectures et districts, comme le système de drapeaux de l'alliance mongole et la réforme d'aménagement du Sud. Les chefs des groupes ethniques Hu en Chine percevaient leur identité d'abord comme empereur chinois plutôt que patriarche de leur nation, symbolisant la légitimité dans le gouvernement de tous les Chinois, qu'ils soient d'origine Hu ou Han.

Certains chercheurs occidentaux ont interprété l'histoire de Chine à travers « les symboles culturels » et « l'identité ». Ils ont appelé le Xinjiang, le Tibet, la Mongolie et même les trois provinces du Nord-Est « l'Asie intérieure », souhaitaient trouver des identités culturelles de « l'Asie intérieure » dans les régimes établis par les groupes ethniques du Nord tels que les dynasties des Wei du Nord, des Liao, des Jin, des Yuan et des Qing, et les ont catégorisés en « dynastie d'infiltration » et « dynastie de conquête ». Ils ont déterminé le caractère intra-asiatique de ces dynasties à partir des coutumes et rituels propres à certains groupes nomades, comme « la représentation du système ancien du Nord » proposée par Gao Huan et selon laquelle l'empereur des Wei du Nord est monté sur le trône sur un « feutre noir », ou la tradition conservée par les Mongols d'offrir des sacrifices aux ancêtres et de rendre hommage à la nation et

Étude comparative des civilisations chinoise et occidentale

à la cour, ou la cérémonie de sacrifice au ciel du chamanisme et « de la hampe » aux prairies sous la dynastie des Qing. Ils ne distinguent pas la différence entre les « mœurs et rites » et le « gouvernement politique ». Le noyau de la civilisation chinoise ne consiste pas en rites, coutumes, art ou habitudes de vie, mais en système fondamental pour construire la politique. Les fils du Ciel de l'ethnie du Nord, qu'ils se proclament rois sur un feutre noir ou par une cérémonie, qu'ils portent une couronne ou une tresse, qu'ils croient en chamanisme ou au bouddhisme, étaient reconnus comme empereurs de Chine, pourvu qu'ils cherchent à unifier le monde en appliquant le confucianisme au lieu de diviser le monde, qu'ils mettent en place le système de préfectures et districts et celui des fonctionnaires civils et non pas la théocratie tribale, et qu'ils traitent les gens ordinaires de manière égale plutôt que de les différencier en fonction de leur ethnie.

Gao Huan est devenu le nouvel empereur en suivant les anciens rituels des Xianbei, mais a poursuivi la « sinisation » gouvernementale et juridique. Les lois et règlements du Qi septentrional ont finalement évolué vers celles des dynasties des Sui et Tang, et le nombre de fonctionnaires sélectionnés à travers les examens officiels a dépassé de loin celui de la dynastie du Sud.

Yelü Dashi, fondateur de la dynastie des Liao de l'Ouest, a été vaincu et s'est retiré en Asie centrale et au Xinjiang. Il y a fondé les Kara-Khitans et s'est fait appeler « Gur khan ». À cette époque, le système d'inféodation de « l'iqtâ »[10] dominait en Asie centrale. Mais Yelü Dashi l'a aboli et l'a remplacé par le système appliqué dans la dynastie de la Plaine centrale. Au niveau administratif, il a mis en place la centralisation du pouvoir, ainsi que le système de fonction publique (le système shahna)[11] dans les territoires

---

10. Vassili Barthold, *Histoire de l'Asie centrale*, vol. 1, traduit par Zhang Li (Lanzhou : Lanzhou University Press, 2013), p. 138.

11. Dans les territoires directement administrés, les Kara-Khitans envoient le shahna qui représente le pouvoir du Khan. Il s'agit alors d'un système de gestion sociale destiné à maintenir la stabilité locale. Le shahna est à la fois le gouverneur local et un agent de gestion, avec une certaine force militaire, et se charge de gérer les affaires administratives

L'entrée des Cinq Barbares en Chine et les invasions barbares en Europe

directement contrôlés, a récupéré le pouvoir militaire au gouvernement central[12], et a reconnu le chinois comme la langue officielle[13]. Du point de vue fiscal, un « dinar » était perçu à chaque ménage, ce que Barthold considérait comme la dîme en Chine. En raison de l'appellation sous la dynastie des Liao occidentaux, le « Khitan » (Китай) représente aujourd'hui encore la Chine en Russie et en Asie centrale.

La dynastie des Yuan pratiquait un système gouvernemental centralisé. Au niveau central, était établi le « secrétariat » (*Zhongshu Sheng*) pour gérer globalement les affaires politiques ; au niveau local, ont été mises en place les « secrétariats locaux » (*Xing Zhongshu Sheng*). Culturellement, diverses religions étaient reconnues, mais politiquement, le confucianisme occupait une place prédominante dans la gouvernance du pays. Les trois autres khanats mongols étaient tous des États féodaux, mais après que Kubilaï Khan a transformé le nom du pays en « Grand Yuan » en fonction du *Yijing* en 1271, la dynastie Yuan est devenue une vraie dynastie de la Plaine centrale. Les empereurs de la dynastie ont tous étudié le confucianisme, et le système de fonctionnaires Han a également été établi. Des noms de style Han tels que les titres honorifiques, les titres de temple et les titres posthumes étaient utilisés, à cela s'ajoutaient des codes Han tels que la capitale, les palais, les rites de la cour, les sceaux et les tabous[14].

---

locales et de collecter les impôts. En ce qui concerne l'établissement du système officiel, selon l'*Histoire des Lioa · Kara-Khitans,* Yelü Dashi, après la grande réunion de la cour du Nord, a créé son propre système de fonctionnaires. À en juger par les titres de ses ministres, tels que « Secrétaire des six bureaux », « Attaché à la répression », « Attaché aux affaires militaires », le système de fonctionnaires des Kara-Khitans hérite de celui des Liao, et constitue un prolongement de la centralisation et du système d'État vassal.

12. Vassili Barthold, *Histoire de l'Asie centrale*, vol. 1, traduit par Zhang Li (Lanzhou : Lanzhou University Press, 2013), p. 49.

13. Il y a quelques années, quatre pièces de cuivre Kara-Khitans ont été découvertes au Kirghizistan. Elles ont la même forme que les pièces de monnaie des Tang, et quatre caractères chinois « Xu Xing Yuan Bao » y sont imprimés.

14. Zhang Fan, « Les caractéristiques politiques de la famille et du monde sous la dynastie des Yuan », *Études historiques de l'Université de Pékin*, no. 1 (2001), pp. 50-75.

Étude comparative des civilisations chinoise et occidentale

Cette image montre une coupe monolithique en pierre avec des motifs de chasse de la dynastie du Nord conservée au musée de Hotan. Cet objet était probablement lié aux marchands Hu de la Sogdiane qui étaient actifs sur la Route de la soie. Sur la surface de la coupe, est dépeint un motif de chasse en bas-relief, qui décrit la scène d'un cavalier tirant à l'arc pour attaquer un lion. De tels modèles sont courants sur l'or et l'argenterie sogdiennes et sur les cercueils des tombes des Sogdiens ayant vécu en Chine.

L'entrée des Cinq Barbares en Chine et les invasions barbares en Europe

Deux boîtes d'or en forme de gâteau et une boîte d'or en forme de sabot ont été découvertes dans la tombe du marquis de Haihun de la dynastie des Han. Il y a 25 pièces d'or en forme de sabot et 189 pièces d'or en forme de gâteau – c'est le plus grand nombre trouvé dans l'histoire archéologique des tombes des Han. La photo montre des pièces d'or en forme de sabot extraites de la tombe.

Sans parler de la construction politique de la dynastie des Qing, où toutes les ressources théoriques et les arrangements institutionnels provenaient de la civilisation chinoise[15].

---

15. Les empereurs de la dynastie des Qing proclament la restauration de trois grandes dynasties de l'histoire, rendent hommage à Confucius en se prosternant devant sa tombe à Qufu (l'empereur Kangxi), étudient activement les classiques confucéens et maîtrisent le pouvoir d'interprétation de ces ouvrages ; ils reconstruisent la distinction Hua-Yi, soulignent que les vertus font l'empereur du monde, distinguent l'intérieur de l'extérieur par le biais des « rituels » au lieu de « l'ethnie » ; ils voyagent dans le Sud à plusieurs reprises (Kangxi et Qianlong), se rendent au Tombeau Xiaoling pour s'agenouiller et offrir des sacrifices à l'empereur Taizu des Ming (Kangxi), consolent et attirent les intellectuels du Jiangnan ; au niveau supérieur du pouvoir, ils préconisent la pitié filiale, au niveau local, ils réinstitutionnalisent les organisations comme l'alliance des cantons et des familles. Yang Nianqun, *Où se situe le « Jiangnan » ?* (Shanghai : Joint Publishing, 2010).

Étude comparative des civilisations chinoise et occidentale

Les coutumes et les cérémonies des dynasties établies par les ethnies des steppes ne sont pas importantes, car le changement de la nature du pays dépend principalement du système de gouvernance. Charlemagne a accepté le couronnement d'"empereur du « Saint-Empire romain », mais il n'a pas fait de la dynastie carolingienne « Rome » car le système de gouvernance des Francs n'était pas à la romaine. Au contraire, la dynastie des Qing a obligé à se faire raser les cheveux et à changer de vêtements, mais c'était toujours la Chine, car son système de gouvernance était d'essence chinoise.

« La Chine » et « l'Asie intérieure » se sont superposées dès l'origine. Si l'on remonte très loin dans l'histoire, le territoire de « l'Asie intérieure » était déjà inclus dans les dynasties des Xia, Shang et Zhou. Des statues et murailles de pierre avec un fort style de steppe eurasienne ont été déterrées dans les vestiges de Shimao dans la province du Shaanxi ; un grand nombre d'ustensiles en bronze sous l'influence des groupes ethniques des steppes ont été découverts dans les tombes de Yin Xu[16] ; les objets archéologiques de la tombe du roi de Qin dans le district Li du Gansu montrent que les ethnies Qiang et Di cohabitaient déjà avec l'ethnie Qin. Plus tard, sous la dynastie des Ming considérée comme « la dernière dynastie Han » par exemple, nous pouvons trouver beaucoup d'éléments de la culture mongole. Le style de langue des édits de Zhu Yuanzhang provient des textes officiels en traduction directe de la dynastie des Yuan. Les empereurs des Ming possédaient également plusieurs identités – Khan des steppes[17], Manjushri et Chakravartin tibétains et mécène islamique.

---

16. Les ustensiles en bronze typiques des steppes du Nord comprennent des couteaux à tête annulaire, des couteaux à tête d'animal, des couteaux à tête de cloche, des épées à tête de cloche, une hache avec un manche à trous, des outils en forme d'arc pour les chars et les chevaux, etc. He Yuling, « Recherche sur les 'facteurs culturels étrangers' au site Yin Xu », *Objets archéologiques de la Plaine centrale*, no. 2 (2020).

17. Zhong Han, « Une brève analyse de la nature de l'Asie intérieure de l'Empire des Ming : l'analogie avec la dynastie des Qing », *Tendances de la recherche en histoire chinoise*, no. 5 (2016).

L'entrée des Cinq Barbares en Chine et les invasions barbares en Europe

Même les « vêtements Han de la dynastie des Ming » étaient imprégnés du style Yuan[18].

En 2015, dans la tombe du marquis de Haihun (l'empereur aboli Liu He) de la dynastie des Han de l'Ouest, ont été déterrés un grand nombre d'objets funéraires en or et des ornements de chevaux en bronze incrustés de moutons tordus, dans lesquels l'influence de la culture Xiongnu est évidente[19] ; en 2019, un dragon doré et argenté a été découvert dans la tombe d'un roi Xiongnu en Mongolie avec la forme classique du « dragon de la dynastie des Han occidentaux ». Les personnes qui tirent des arcs à l'extérieur de la Grande Muraille et celles qui portent des chapeaux et des ceintures à l'intérieur de la Grande Muraille étaient-elles de purs étrangers ou des proches parents qui partageaient la même civilisation ?

Dans la civilisation occidentale, on s'habitue à diviser le monde en fonction de l'ethnie, la religion, les mœurs et la mythologie, parce que dans leur histoire, le système de fonction publique moderne est apparu très tardivement, et il y a peu de tradition d'intégration politique de la société. Ces dernières années, l'Occident a renforcé les « symboles culturels » et la « politique identitaire », ce qui a entraîné des conséquences de la rupture de la « politique tribale ». Fukuyama y a réfléchi : « La société démocratique est en train de se décomposer en fragments selon des identités de plus en plus étroites, et cette voie ne conduira qu'à l'effondrement de l'État et se terminera par un échec ». Il appelle à une « identité nationale sous forme de dogme » – « cette identité n'est pas basée sur des caractéristiques personnelles, des expériences de vie, des liens historiques ou des croyances religieuses communes, mais se construit autour de valeurs et de croyances fondamentales. Cela a pour objectif d'encourager les citoyens à s'identifier

---

18. Luo Wei, « Une analyse des vêtements restants des Yuan sous la dynastie des Ming », *Journal of Capital Normal University (Social Science Edition)*, no. 2 (2010).

19. Sur l'ornement à la tête du cheval, il y a un motif de mouton unicorne qui tourne son corps et regarde autour de lui. Il s'agit d'une image classique des steppes eurasiatiques qui ressemble beaucoup à celle de l'ornement sur la grande tombe des Xiongnu.

aux principes essentiels de leur pays et à utiliser la politique publique pour intégrer consciemment de nouveaux membres[20]. »

13.3 La distinction Hua-Yi et égalité de toutes les ethnies

La distinction Hua-Yi dure depuis des milliers d'années, et donne encore lieu à des discussions sur « ce qu'est la Chine ». Beaucoup de participants à ce débat ne citent que « quelques mots » des livres d'histoire pour justifier leur opinion, ignorant l'intégralité de l'histoire.

À l'origine, la « distinction Hua-Yi » découle de *Gongyang Zhuan* – « L'ethnie étrangère (« Yi ») du Sud collabore avec l'ethnie Di du Nord, et le pays du milieu se trouve dans une situation critique. » « L'ethnie Di du Nord » fait référence au « Bai Di » qui a poussé le duc Huan de Qi à lancer pour la première fois le slogan de « Révérer le roi, expulser les étrangers » (*Zunwang Rangyi*), et « l'ethnie Yi du Sud » est en fait l'État de Chu. Mais pendant la période des Royaumes combattants, en particulier sous les dynasties des Qin et Han, les anciennes ethnies « Hua » et « Yi » étaient toutes « enregistrées à l'état civil ». La loi impériale s'emploie partout dans le monde sans différencier les groupes ethniques.

Le deuxième pic de la « distinction Hua-Yi » a au lieu sous les dynasties du Nord et du Sud. Les deux parties luttaient pour le vrai héritier de la civilisation chinoise. Sous la dynastie des Tang, la « distinction » s'est affaiblie. Selon l'empereur Taizong des Tang, « depuis l'Antiquité, les Chinois sont appréciés, les étrangers méprisés. Mais je les aime de manière égale. » À l'intérieur et à l'extérieur de la cour, se rassemblaient les élites de tous les groupes ethniques. La « révolte d'An Lushan » résultait du renforcement des gouverneurs militaires et non d'une question ethnique.

---

20. Francis Fukuyama, « Against Identity Politics: 'The New Tribalism and the Crisis of Democracy' », *Foreign Affairs* 97, no. 5 (2018).

L'entrée des Cinq Barbares en Chine et les invasions barbares en Europe

Le troisième pic se produit sous la dynastie des Song. L'économie et la culture de la dynastie avait atteint leur apogée, mais les empereurs n'étaient pas capables d'unifier le monde. Face à la puissance militaire des Liao, Jin et Xia occidentaux[21], la dynastie des Song a été obligée de se distinguer par elle-même : l'empereur Zhenzong a organisé une cérémonie pour rendre hommage au ciel et à la terre, et les courtisans ont également préconisé la « distinction entre Hua et Yi »[22]. Mais en fait, les Liao, Xia et Jin avaient déjà absorbé la civilisation Han, les gens du Nord et du Sud parlaient tous la même langue. Sous la dynastie des Yuan, cette distinction s'est de nouveau estompée. Le soi-disant « système à quatre classes » provoque encore des controverses même jusqu'à aujourd'hui.

Le quatrième pic se trouve au milieu de la dynastie des Ming. Au début de la dynastie, Zhu Yuanzhang, qui s'était soulevé avec le slogan de s'opposer aux Yuan et de restaurer les Han, a immédiatement reconnu après la fondation des Ming que la dynastie des Yuan était entrée dans la Plaine centrale conformément au « mandat du Ciel ». Il a déclaré sa vocation de l'unification du monde – « Il n'y a pas de distinction entre Hua et Yi, leurs noms sont différents, mais ils sont de la même famille ». Il a également déposé le nom de Kubilaï Khan dans le temple des grands empereurs des dynasties précédentes, avec les trois augustes et les cinq empereurs, ainsi que les rois fondateurs des dynasties des Han, Tang et Song, pour les commémorer ensemble. Seulement après la capture de l'empereur Yingzong dans la bataille de la forteresse de Tumu, l'amour-propre de la dynastie des Ming a été meurtri et la tablette commémorative de Kubilaï Khan a été retirée du temple.

---

21. Par exemple, en 979, lorsque l'empereur Taizong attaque le Han du Nord, il déclare : « Si la dynastie du Nord n'aide pas, le traité de paix persistera, sinon, il y aura une guerre. » Tuotuo, *Liaoshi · Benji* (Beijing : Zhong Hua Book Company, 1974), p. 101.

22. Comme l'a dit Cheng Yi, « les sages craignent que les gens adhèrent aux Barbares, ainsi, les règles fixées par les *Annales des Printemps et Automnes* sont extrêmement strictes ». Dans les poèmes de la dynastie des Song du Sud, le Nord est décrit comme « la terre des bandits et du sang », Qiu Jun, *Interprétation complémentaire de Daxue*, vol. 75.

Étude comparative des civilisations chinoise et occidentale

Le cinquième sommet se déroule lors du « transfert des Ming aux Qing ». À partir de la vénération de Confucius par l'empereur Kangxi, les empereurs des Qing successifs ont tous diffusé la civilisation Han. La « distinction entre Hua et Yi » a de nouveau disparu.

La différence Hua-Yi se traduit principalement par la culture et l'institution. Tant que l'on accepte les traditions culturelle, juridique et politique, on obtient le mandat du Ciel, car toutes les ethnies sont égales dans le monde. Le degré de « distinction » dépend de l'unité ou de l'État. Dans une époque de division, les groupes ethniques « considèrent les autres comme étrangers » ; dans les dynasties d'unification, les gouverneurs s'appliquaient à dissoudre cette « distinction ».

Il en a été de même pour Rome.

À l'apogée de l'Empire romain, le « cosmopolitisme » joue un rôle dominant dans le monde philosophique. Avant le IVe siècle, les historiens romains ne manquaient pas de louer les « Barbares », par exemple, Tacite louait les « bonnes coutumes » des Germains, comme la démocratie, l'attachement aux arts martiaux, la nature honnête. De nombreux empereurs dans la seconde moitié de l'Empire romain avaient du « sang barbare », comme Maximin II Daïa et Claude II. Bien des généraux célèbres de l'empire étaient également d'origine « barbare », entre autres, Gainas, Saul, Bacurius, Aetius et Ovida, même le fameux général romain Stilicho ayant résisté à l'invasion des Wisigoths était Vandale. Dès le IVe siècle, l'empire s'est désuni et les Romains ont éprouvé plein de ressentiment[23]. Au VIe siècle, des historiens ont accusé Constantin de provoquer le déclin

---

23. « Les Goths ont brûlé, assassiné et pillé, et partout où ils allaient, c'était le désordre. Ils ont tué tout le monde, hommes et femmes, jeunes et vieux, même des bébés. Les femmes ont vu leurs maris être tués, puis ont été enlevées par les envahisseurs. Les garçons et hommes adultes ont été arrachés du corps de leurs parents et emmenés de force.

De nombreuses personnes âgées, les mains attachées derrière le dos, ont été exilées et ont versé des larmes devant leurs maisons ancestrales réduites en cendres. Elles se sont lamentées d'avoir survécu, mais ont perdu leurs biens et leurs femmes. » Peter Heather, *The Fall of the Roman Empire*, traduit par Xiang Jun (Beijing : China Citic Press, 2016), p. 200.

L'entrée des Cinq Barbares en Chine et les invasions barbares en Europe

de l'empire en raison de l'introduction d'une multitude de Barbares. Ces derniers ont aussi commencé à argumenter leur « origine héroïque ». Par exemple, Théodoric, après avoir été trahi par Boèce pendant ses dernières années, a demandé aux historiens de la cour de rédiger l'*Histoire des Goths*, soulignant l'histoire glorieuse de sa famille pendant 17 générations consécutives[24].

Au sein de chaque civilisation, il y a des points communs et des différences. Lorsqu'une communauté se fragmente, les différents centres politiques, afin de délimiter les frontières et de se consolider, vont inévitablement exagérer les différences et dévaloriser les points communs, entraînant finalement des divisions permanentes. Malgré les mêmes ancêtres, langues, mémoires et croyances, tant qu'il existe une compétition politique polycentrique, cette tragédie est inéluctable. Cela explique la division des sectes religieuses et la désagrégation des groupes ethniques.

L'unité politique est le fondement de l'existence de la diversité culturelle. Plus l'unité politique est forte, plus les diverses cultures sont à même d'exprimer leur originalité ; au contraire, plus les cultures combattent et plus elles finissent par s'éteindre. L'unité et la diversité ne s'opposent pas, mais s'harmonisent. Si l'on ne comprend pas la relation dialectique entre l'unité et la diversité, on risque de diviser le monde et de s'embrouiller nous-mêmes.

---

24. Peter Heather, *The Restoration of Rome*, traduit par Ma Bailiang (Beijing : China Citic Press, 2020), p. 5.

Étude comparative des civilisations chinoise et occidentale

Fontaine de Trevi à Rome, Italie

Vestiges du temple de Mars vengeur situé dans le forum d'Auguste, Rome, Italie

CHAPITRE 14

CONCLUSION

14.1 Le retour à l'essentiel de la civilisation

Les concepts d'unité et de diversité ont fait l'objet de débats entre deux érudits chinois du siècle dernier.

Le premier est Gu Jiegang. Le Mouvement pour la nouvelle culture a produit un groupe de radicaux audacieux, dont Gu. En 1923, ce jeune homme de 30 ans originaire de Suzhou a fustigé les Trois Augustes et les Cinq Empereurs, estimant que l'histoire ancienne était « construite de manière cumulative » par les confucianistes[1]. Il a préconisé le recours à

---

1. Le point fondamental de la théorie de « construction cumulative » est : « Plus l'ère est postérieure, plus la période de l'histoire antique dans les légendes est longue » ; autrement dit : « Plus on se trouve dans une ère postérieure, plus l'histoire antique que l'on connaît est ancienne ; moins il y a d'archives, plus on a de connaissances sur l'histoire antique. » Selon le point de vue de Gu Jiegang, l'ordre de l'histoire ancienne est exactement l'inverse : Pangu est apparu le dernier mais est au rang le plus élevé et a les plus grandes qualifications (c'est le créateur du monde), qui est suivi par les Trois Augustes (dieu céleste, dieu terrestre, dieu humain), puis par Huangdi et Shennong, ensuite par Yao et Shun, et enfin par Yu. Par exemple, « Yu » est mentionné pour la première fois sous la dynastie des Zhou occidentaux, « Yao » et « Shun » à la période des Printemps et Automnes, « Huangdi » et « Shennong » à la période des Royaumes combattants, les « Trois Augustes » sous la dynastie des Qin, « Pangu » sous la dynastie des Han.

Étude comparative des civilisations chinoise et occidentale

des méthodes pragmatiques pour tout examiner affirmant que ceux qui veulent prouver l'existence des dynasties des Xia, Shang et Zhou doivent présenter des preuves concrètes. Il a utilisé des méthodes sociologiques et archéologiques pour recouper les textes anciens et « a osé renverser toutes les idoles des 'écritures', des 'biographies' et des 'archives' ».[2]. Ce mouvement atteint son sommet avec sa déclaration extrême : « Yu de la dynastie des Xia est un ver. » Hu Shi en a fait l'éloge : « Il vaut mieux douter de l'ancien et le perdre que d'y croire et le perdre[3]. »

À travers cette approche, il a proposé de nier « l'origine unie des nations » et « l'unification continue des régions ». Il a prétendu que pour les temps anciens, « il ne faudrait qu'affirmer que chaque ethnie a son ancêtre, qu'il n'y a pas un ancêtre reconnu pour toutes les ethnies » ; « chacune a son ancêtre, il n'est pas nécessaire de rechercher l'unification »[4] ! Ce « doute des temps anciens » a bouleversé le milieu idéologique. La désintégration de l'histoire a entraîné la désagrégation de l'« identité chinoise ». Mais Gu Jiegang s'en est moqué. À ses yeux, seule une méthode aussi flambant neuve était de nature à restructurer la lignée de connaissances pourrie de deux mille ans. Comme les pionniers du Mouvement pour la nouvelle culture, il s'est efforcé de créer une nouvelle Chine.

---

2. Gu Jiegang, *Analyse de l'histoire ancienne*, vol. 1 (Shanghai : Shanghai Classics Publishing House, 1981), p. 12.

3. Gu Jiegang, *Analyse de l'histoire ancienne*, vol. 1 (Shanghai : Shanghai Classics Publishing House, 1981), p. 23.

4. En mai 1923, Gu Jiegang publie l'article « Discussion sur les livres historiques avec M. Qian Xuantong » et met en avant l'opinion mentionné au-dessus. Mais il souligne également : « Depuis la période des Printemps et Automnes, les grands pays ont détruit les petits, leurs frontières se sont étendues, les nations ont de plus en plus fusionné et l'idée de groupes ethniques s'est estompée pour laisser la place à celle d'unification. Au fur et à mesure, les légendes des ancêtres de nombreux groupes ethniques convergent progressivement vers la même ligne. » Gu Jiegang, *Collection complète de Gu Jiegang · Recueil des articles de Gu Jiegang sur l'histoire antique*, vol. 1 (Beijing : Zhong Hua Book Company, 2010), p. 202.

L'entrée des Cinq Barbares en Chine et les invasions barbares en Europe

Cependant, Gu Jiegang n'était pas le premier à avoir remis en question l'histoire ancienne de la Chine. Les historiens japonais avant la Seconde Guerre mondiale[5] l'avait déjà fait. Au début du XXe siècle, ces historiens, avec une vision des nations orientales, ont décrit la prospérité et le déclin des civilisations, ainsi que les hauts et les bas du développement des États de l'Asie de l'Est. Leur représentant, Kurakichi Shiratori, s'est servi de la méthode historique positive pour déclarer que Yao, Shun et Yu n'avaient pas réellement existé et qu'ils n'étaient que des « idoles » inventées par les confucianistes ultérieurs. Gu Jiegang, influencé déjà par l'esprit de la recherche du courant Qian-Jia, a consenti à l'idée de Kurakichi Shiratori en criant : « À bas l'histoire de la haute antiquité. »

Or, ces soi-disant maîtres de l'histoire orientale, tout en entreprenant des innovations académiques, ont développé un ensemble complet de théories de « déconstruction de la Chine par l'ethnicité », entre autres, « Dix-huit provinces du territoire Han », « Exclusion du nord de la Grande Muraille de la Chine », « Exclusion des Mandchous, Mongols et Tibétains », « La Chine n'a pas de frontières », « La dynastie des Qing n'est pas un État », « La conquête des nations étrangères est un bonheur ». Ces idées ont précédé la notion américaine de « Nouvelle histoire des Qing », et ont constitué le fondement des factions indépendantistes de Taiwan, comme celle de Lee Teng-hui. Ces maîtres pensaient également qu'après les dynasties des Wei, des Jin, du Sud et du Nord, « l'ancien peuple Han » est tombé en décadence, tandis que les Mandchous et les Mongols ont été infatués d'eux-mêmes. Selon eux, seul le Japon, qui combinait les forces de l'esprit courageux du peuple du Nord et la culture raffinée du peuple Han du Sud, était le « point final de la civilisation » pour sauver la civilisation d'Asie de l'Est. La culture japonaise était un sous-système qui s'était développé

---

5. « La soi-disant histoire orientale élucide principalement l'histoire générale de l'ascension et de la chute des nations et des pays en Asie orientale. Elle se tient côte à côte avec l'histoire occidentale et constitue la moitié de l'histoire du monde. » Jitsuzō Kuwabara, *Histoire moyenne de l'Orient, dans Collection complète de Jitsuzō Kuwabara*, vol. 4 (Tokyo : Iwanami Shoten, 1968), p. 17.

Étude comparative des civilisations chinoise et occidentale

sous la stimulation de la culture chinoise et possédait les qualifications nécessaires pour succéder à la civilisation chinoise, et le centre de celle-ci devait être transféré au Japon.

Gu Jiegang s'est réveillé. Face à l'« incident de Mukden », cet historien, qui était fasciné par l'histoire japonaise, a enfin compris les rapports entre les recherches et la politique.

En 1938, affirmant la provocation continue du Japon de l'indépendance des langues thaïlandaise et birmane dans le Sud-Ouest, et ébranlé par l'esprit de Fu Sinian[6], Gu Jiegang a finalement nié sa fameuse théorie. Le 9 février 1939, malade, il tenait une canne pour s'installer devant son bureau, a écrit l'article « La nation chinoise reste une[7] ». Il s'est opposé à l'utilisation du terme « nation » pour définir les divers groupes ethniques en Chine, et a suggéré les « groupes culturels », parce que « depuis l'Antiquité, les Chinois n'avait que le concept de culture, et le concept d'ethnie n'existait pas en Chine. » En fait, Gu Jiegang a mis en lumière la notion de « nation du pays », c'est-à-dire que « les gens sous le même gouvernement » appartenaient à la même nation, soit la nation chinoise.

---

6. Dans sa lettre envoyée à Gu Jiegang, Fu Sinian écrit : « Récemment au Siam, les Japonais propagent l'idée que les provinces du Guangxi et du Yunnan appartenaient à l'ethnie Shan, et exhortent cette dernière à récupérer la terre perdue. Un de nos compatriotes attire les gouverneurs chinois près des frontières entre la Chine et la Birmanie, et recrute même des travailleurs chinois, il a l'air ambitieux. Dans de telles circonstances, il ne faudrait pas abuser du mot 'nation' pour provoquer le risque de division. « La nation chinoise reste une », c'est une croyance, et également la réalité. Nous devons faire en sorte que les frontaliers prennent conscience de leur nationalité chinoise. Les Yi et Hua sont de la même famille, ce qui peut être prouvé par l'histoire de l'ethnie Han. Quant à nous, personne qui vient du Nord n'est sûr qu'il est dépourvu de sang Hu, et les gens du Sud ont presque inévitablement le sang des peuples Baiyue, Li et Miao. Le Sud-Ouest actuel est les régions Jiangnan, Ba et Yue. » : Gu Jiegang, « La nation chinoise reste une », *Journal Yishi · Hebdomadaire des frontières*, no. 9 (9 février 1939).

7. « Depuis le 18 septembre, j'ai toujours eu la même opinion que mon vieil ami (Fu Sinian) dans mon cœur. » : Gu Jiegang, « La nation chinoise reste une », *Journal Yishi · Hebdomadaire des frontières*, no. 9 (9 février 1939).

L'entrée des Cinq Barbares en Chine et les invasions barbares en Europe

Il a pris son origine comme exemple : « Mon nom de famille est Gu, et je viens d'une vieille famille au sud du fleuve Yangtsé. Je pense que personne ne nierait mon identité comme Chinois ou Han. Mais sous les dynasties des Zhou et des Qin, la famille Gu était l'une des cent familles barbares Yue qui se coupaient les cheveux et se faisaient tatouer. À cette époque-là, elle habite au bord de la mer des provinces du Fujian et du Zhejiang et n'a jamais atteint le territoire chinois. Ainsi, les membres de la famille ne devaient pas être considérés comme des Chinois. Depuis que notre ancêtre, le roi de Dong'ou, qui aspirait à la dynastie des Han, a demandé à l'empereur Wu des Han de déplacer son peuple dans les régions entre le fleuve Yangtsé et le fleuve Huai [...] nous ne pouvons plus dire que nous sommes de 'la nation Yue', mais nous faisons partie désormais de la nation chinoise ».

Gu Jiegang, qui a refusé de reconnaître l'existence des trois dynasties des Xia, Shang et Zhou, a pourtant commencé à démontrer le passage des Shang aux Zhou : « Même Confucius, le descendant du roi des Shang, a dit : 'Les rites des Zhou héritent de ceux des Xia et des Shang. Qu'ils sont riches ! Je voudrais bien les respecter.' Il ne voulait pas dire que les nations des Zhou et des Shang étaient différentes, qu'il fallait garder la haine contre Zhougong ayant mené l'expédition vers l'Est. Au contraire, il admirait Zhougong de tout son cœur au point qu'il rêve souvent de lui. » « Imaginons cette tolérance extraordinaire ! Il n'y a pas le moindre préjugé racial étroit ![8] »

La publication de l'article « La nation chinoise reste une » a provoqué un débat important. Celui qui l'a remis en question est Fei Xiaotong, un plus jeune spécialiste d'anthropologie et d'ethnologie. Il avait 29 ans à l'époque et était originaire de la même ville que Gu Jiegang – Suzhou. Il venait de rentrer d'un séjour d'études en Angleterre.

---

8. Gu Jiegang, « La nation chinoise reste une », *Journal Yishi · Hebdomadaire des frontières*, no. 9 (9 février 1939).

Étude comparative des civilisations chinoise et occidentale

Fei Xiaotong trouvait que la « nation » était un groupe formé en fonction des différences culturelle, linguistique et physique, que c'était un concept scientifique. Il existe en effet différents groupes ethniques en Chine. C'est un fait objectif. Il n'est pas nécessaire d'éliminer délibérément les frontières de ces groupes afin de rechercher l'unité politique, ni de s'inquiéter de ce que l'ennemi utilise la notion de « nation » et crie l'« autodétermination nationale » pour diviser la Chine. Selon lui, « les personnes ayant la même culture, la même langue et la même constitution physique n'appartiennent pas nécessairement à un même pays », « dans un même pays, il n'existe pas obligatoirement un groupe culturel et linguistique unique[9] », car au sein de la République de Chine, il y a eu en réalité plusieurs centres politiques, et dans l'histoire chinoise, il a également existé des périodes où plusieurs régimes politiques coexistaient.

En entendant cela, Gu Jiegang, en dépit de sa maladie, cela lui « est resté en travers de la gorge ». Il a écrit « La nation chinoise reste une – suite », rétorquant que la « nationalité étatique » de la nation chinoise était suffisamment forte et que la « division » était « une situation peu naturelle ». Tant que la force de la division diminue, le peuple y met spontanément fin. Si la « séparation à long terme » avait eu une stabilité naturelle, la Chine se serait fragmentée et n'aurait plus constitué une nation[10]. À la fin de l'article, il crie même non sans colère : « Nous verrons ! Quand les armées japonaises se retireront de la Chine, nous pourrons découvrir à

---

9. Fei Xiaotong, « Discussion sur le problème de la nation ». *Journal Yishi · Hebdomadaire des frontières*, no. 19 (1er mai 1939).

10. « La nation chinoise a depuis longtemps atteint le statut de nation du pays à part entière. Son pouvoir politique est tellement grand que quand la force entravant l'unification s'affaiblit, le peuple se soulève pour renverser cette situation anormale de la division. Au contraire, si la séparation à long terme avait eu une stabilité naturelle, la Chine se serait fragmentée et n'aurait plus constitué une nation. Cela suffit à prouver que la force de la nation chinoise l'emporte de loin sur celle des gouvernements locaux à tous les niveaux. » Gu Jiegang, « La nation chinoise reste une – suite : réponse à Fei Xiaotong », *Journal Yishi · Hebdomadaire des frontières*, no. 23 (29 mai 1939).

L'entrée des Cinq Barbares en Chine et les invasions barbares en Europe

quoi ressemblent les habitants des quatre provinces du Nord-Est et des autres zones occupées. Cela nous donnera un bon exemple ![11] »

Fei Xiaotong s'est tu face à la colère de son compatriote et ne lui a pas répondu. Y a-t-il « une ou plusieurs nation(s) chinoise(s) » ? Leur discussion n'a abouti à aucune conclusion.

Quarante et un ans après, Gu Jiegang meurt à l'âge de 87 ans (en 1980). Huit ans plus tard (en 1988), Fei Xiaotong, 78 ans, a prononcé un long discours intitulé « L'unité dans la diversité de la nation chinoise ». Il reconnaît l'existence d'une « nation chinoise » en tant qu'entité autonome. Il a dit : « En tant qu'entité nationale consciente, la nation chinoise a émergé dans la confrontation entre la Chine et les puissances occidentales au cours du siècle dernier. Mais en guise d'entité nationale autonome, elle s'est formée au cours des milliers d'années d'histoire. Son courant principal est composé d'un grand nombre d'éléments ethniques dispersés et isolés, qui, à travers le contact, le mélange, l'alliance, l'intégration, et aussi la désagrégation et la disparition, ont constitué une unité diversifiée, où chacun a son tour et se mêle aux autres, tout en gardant son individualité[12]. »

Cinq ans plus tard, Fei Xiaotong est retourné dans sa ville natale, Suzhou, pour assister à la réunion commémorative de Gu Jiegang. Pour la première fois, il a répondu à la discussion qu'il avait eue avec Gu 50 ans auparavant – « Plus tard, j'ai réalisé que Gu l'avait fait par patriotisme. À cette époque, le Japon avait fondé le 'Mandchoukouo' au Nord-Est et avait fomenté la désunion en Mongolie intérieure. Gu, plein d'indignation, s'est opposé à l'utilisation de la notion de 'nation' pour diviser notre pays. Je soutiens totalement sa position politique[13]. »

---

11. Gu Jiegang, « La nation chinoise reste une – suite : réponse à Fei Xiaotong », *Journal Yishi · Hebdomadaire des frontières*, no. 23 (29 mai 1939).

12. Fei Xiaotong, « Le paysage de l'unité dans la diversité de la nation chinoise », *Journal of Beijing University (Philosophy and Social Sciences Edition)*, no. 4 (1989).

13. Fei Xiaotong, « Texte commémoratif dédié à Gu Jiegang », *Reading*, no. 11 (1993), pp. 5-10.

Forêt de Confucius à Qufu, Shandong, également connue sous le nom de forêt sacrée, elle abrite la sépulture de Confucius et de ses descendants.

Certains critiques ont affirmé que la théorie d'« unité dans la diversité » de Fei Xiaotong n'était qu'une « déclaration politique », autrement dit, un compromis ou une conciliation entre « une » et « plusieurs ». Mais Fei Xiaotong estimait que le problème fondamental était l'impossibilité de décrire la « nation chinoise » avec le concept occidental de « nation ». « Nous ne devons pas simplement copier les concepts existants de l'Occident pour décrire les faits de la Chine. La nation est un concept qui appartient à la catégorie historique. L'essence de la nation chinoise dépend de la longue histoire de la Chine. Si nous appliquons les doctrines occidentales de manière rigide, nous ne pourrons souvent pas nous justifier[14]. »

---

14. Fei Xiaotong, « Texte commémoratif dédié à Gu Jiegang », *Reading*, no. 11 (1993), pp. 5-10.

Par ailleurs, Fei Xiaotong a expliqué sa transformation dans les dernières années de sa vie : « Quand je me promenais dans la Forêt de Confucius à Qufu, soudain, je me suis rendu compte que Confucius n'avait pas tenté de créer un ordre d'unité dans la diversité. Il a réussi en Chine, car une grande nation chinoise s'est formée. Pourquoi la Chine n'a-t-elle pas connu la division comme en Tchécoslovaquie ou en URSS ? Parce que les Chinois ont la mentalité chinoise qui leur est chère. »

Le débat entre Gu Jiegang et Fei Xiaotong marque la pensée commune des intellectuels chinois modernes – ils désiraient emprunter les doctrines occidentales dans le but de transformer les connaissances traditionnelles chinoises, mais ils se sont aperçus que l'expérience occidentale n'était pas en mesure de résumer la civilisation chinoise ; ils se sont passionnés pour les recherches académiques occidentales qui semblaient indépendantes de la politique, mais ils ont ensuite réalisé que les recherches et la politique étaient depuis toujours inséparables à l'Occident. Finalement, ils sont retournés à l'essentiel de la civilisation chinoise.

14.2 La vision d'autrui

Depuis plus d'un siècle, la Chine a perdu sa puissance de discours politique et culturel, et la « Chine historique » a été écrite par l'Occident et l'Orient. La perception que nos compatriotes ont les uns des autres a pourtant été façonnée par des cadres académiques étrangers.

Par exemple, les chauvins Han soutiennent qu'« après la bataille navale de Yamen, il n'y a plus la Chine », « après la chute de la dynastie des Ming, la Chine n'existe plus » ; les nationalistes étroits pensent que « les Mandchous, les Mongols, les Hui et les Tibétains ne sont pas Chinois. » Tout cela remonte à la tradition nuisible de l'« histoire orientale ».

Par ailleurs, certains historiens ont essayé d'utiliser « l'idéologie » pour s'assimiler à l'histoire occidentale. Lorsque les Occidentaux considèrent « l'unification » comme le péché originel de l'autocratie, ces historiens

Étude comparative des civilisations chinoise et occidentale

attribuent alors cette « autocratie » aux dynasties des Yuan et des Qing. Selon eux, sous les dynasties des Han, des Tang et des Song, il s'agissait d'une « autocratie éclairée » où « l'empereur et les savants-fonctionnaires gouvernaient conjointement le monde », ce qui ressemblait à la situation de l'Occident ; mais le concept de « maître-esclave » des nomades l'a transformée en « autocratie barbare » ; le pouvoir hautement centralisé de la dynastie des Ming a hérité du système militaire de la dynastie des Yuan ; et le capitalisme ne s'est pas développé en Chine, car la dynastie des Qing a coupé son germe. Ils sont arrivés à ces conclusions parce qu'ils n'ont pas analysé de manière approfondie la logique interne de l'échec du capitalisme en Chine.

En outre, lorsque les Occidentaux ont estimé que le soi-disant système démocratique n'a pas vu le jour faute de « tradition de liberté » en Chine, certains historiens ont commencé à argumenter que la « civilisation agricole » représentait le despotisme et la « civilisation nomade » la liberté. Si la dynastie des Yuan n'avait pas été renversée par la dynastie des Ming, la Chine aurait connu une société commerciale et juridique dès le XIIIe siècle. Ils ne comprennent pas que « l'esprit libre » n'a appartenu qu'aux Goths et aux Germains, et jamais aux Xiongnu, aux Turcs ou aux Mongols. Sous la plume de Montesquieu, à travers la conquête, les Goths ont répandu la « liberté », alors que les Tatars (Mongols) ont diffusé la « tyrannie » (*De l'esprit des lois*)[15]. Selon Hegel, les Germains connaissaient la liberté en entier, les Gréco-Romains en connaissaient une partie et les Orientaux n'en connaissaient rien[16].

Ces différends et accusations s'expliquent par le fait que nous nous considérons toujours du point de vue d'autres civilisations ; cette vision,

---

15. « Les Tatars ont établi l'esclavage et le despotisme dans les pays soumis ; les Goths ont fondé la monarchie et la liberté partout après avoir conquis l'Empire romain. » Montesquieu, *De l'esprit des lois (Tome 1)*, traduit par Zhang Yanshen (Beijing : Commercial Press, 1959), p. 331.

16. Hegel, *Leçons sur la philosophie de l'histoire*, traduit par Wang Zaoshi (Shanghai : Shanghai Bookstore Publishing House, 1999), p. 111.

avec l'avantage pluraliste, se voit néanmoins souvent contrainte par le paysage politique international. Cela s'est produit dans le passé, et il en sera ainsi à l'avenir.

Dans la civilisation chinoise, le concept d'« ethnie » a existé, mais l'esprit du « monde », plus fort que celui-ci, l'a transcendé. Wang Tong, un ermite de la dynastie des Sui, a instruit presque tous les grands généraux et intellectuels du début de la dynastie des Tang. En tant qu'un homme Han, il a déclaré que la vraie tradition de la Chine ne se trouve pas dans la dynastie du Sud du peuple Han, mais dans celle des Wei du Nord de l'empereur Xiaowen des Xianbei[17], parce que ce dernier « vit dans le pays des rois précédents, suit la voie des rois précédents et gouverne le peuple des rois précédents ». Tel est le véritable esprit du monde.

Il en est de même pour les autres groupes ethniques.

Les Tibétains et les Mongols croient au bouddhisme, et dans leur tradition, il y a la doctrine d'« élimination de l'esprit de différence »[18]. Dans la tradition musulmane chinoise de « communication musulmans-confucianistes », il existe également une leçon sur ce sujet – « Les sages occidentaux ont le même esprit que ceux de la Chine. Ils fondent la religion sur la justice, possèdent les connaissances du Ciel et de la Terre, comprennent la transformation de la vie en mort. Ils suivent la voie juste et respectent le Ciel dans leurs principes, leur morale, leurs repas et leur repos[19]. » Cet esprit mondial de briser les barrières ethniques a jeté la base de la civilisation chinoise. Une histoire de la nation chinoise est ainsi

---

17. Avant l'empereur Xiaowen, « la Chine n'avait pas de chef, donc la vraie dynastie chinoise était représentée par les Jin orientaux et les Song » ; après lui, « la Chine possédait son chef, et la vraie dynastie chinoise est revenue aux Wei postérieurs et aux Zhou postérieurs ».

18. Selon le *Brahmajālasutta* : « Si l'on s'efforce d'observer et de choisir les choses, on découvrira que tout est différent. Ceux qui ne voient pas la différence trouve le Bodhi. » (Tsongkhapa : « Vue sur le Bodhi ») Le *Xinxin Ming* du bouddhisme zen : « La voie ultime n'est pas difficile, il ne faut pas faire de distinction pour y arriver. »

19. Ma Zhu, « Guide halal · Préface », *Encyclopédie Halal,* vol. 16, p. 510.

Étude comparative des civilisations chinoise et occidentale

un processus dans lequel « l'esprit du monde » dépasse « l'auto-limitation ethnique ».

L'intégration de la nation chinoise est aussi remplie d'émotions profondes. Selon l'*Altan Tobchi,* écrit à la fin de la dynastie des Ming en Mongolie, l'empereur Yongle est le fils posthume de l'empereur Shun de la dynastie des Yuan ; après la Campagne Jingnan, l'empereur des Ming est revenu secrètement à la dynastie des Yuan, jusqu'à ce que les Mandchous mettent fin au « mandat du Ciel des Yuan » ; dans l'ouvrage *Collection d'histoire des Han et des Tibétains* composé au début de la dynastie des Ming, la dynastie des Yuan résulte de « la prise en charge de la cour Tang du territoire Han par les Mongols[20] » ; le dernier empereur des Song, Song Bing, ne s'est pas jeté à la mer près du mont Ya, mais s'est rendu au Tibet pour apprendre et pratiquer le bouddhisme, est devenu un moine éminent de l'école Sakyapa, s'est réincarné en un moine Han nommé Zhu Yuanzhang, s'est emparé du trône mongol et a eu un fils, Zhu Di, qui avait l'air exactement d'être Mongol. Ces œuvres ont recouru à la « réincarnation » et à la « cause à effet » pour réécrire les « histoires précédentes et postérieures » des dynasties des Song, Yuan et Ming. Il ne s'agit pas de l'histoire officielle, mais d'une légende religieuse non formelle, de la compréhension modeste sur le partage de la grande nation chinoise, des différentes manières dont les groupes ethniques expriment leurs émotions à l'égard de la « communauté de destin ». Ces émotions sont difficiles à comprendre pour ceux qui ne décrivent la Chine qu'avec les théories étrangères.

La grande affection engendre une compréhension profonde, et une compréhension profonde contribue à la construction de la vérité. Au final, c'est à nous-mêmes d'écrire l'histoire de la nation chinoise.

---

20. Dans le chapitre « Royauté mongole » de la *Collection d'histoire des Han et des Tibétains*, sont écrits les mots suivants : « L'année du tigre, Gengis Khan avait 33 ans, à travers la force, il s'est emparé du trône auprès d'un roi appelé Tuo Zi qui avait été empereur de la dynastie des Tang. Dès lors, la prise en charge de la cour Tang du territoire Han par les Mongols a duré 23 ans.

L'entrée des Cinq Barbares en Chine et les invasions barbares en Europe

14.3 Notre propre histoire

Les 300 ans d'histoire des dynasties chinoises des Jin de l'Est, du Sud et du Nord sont les plus difficiles à clarifier en raison de la complexité des régimes, des personnages et des événements. Pourtant, le code de la refonte de la nation chinoise et du transfert de la civilisation chinoise se cache précisément dans ces 300 ans. Si nous n'avons pas la patience d'entrer dans cette période pour goûter et analyser l'histoire, il nous sera difficile de la comprendre.

Prenons l'exemple du roman *Les Trois Royaumes*. Depuis des centaines d'années, ce livre est trop exploité et trop interprété, laissant d'innombrables versions et archives. Les jeunes qui ne connaissent pas bien l'histoire pensent que l'histoire de Chine peut être résumée simplement aux « Trois Royaumes ». Mais en fait, les « Trois Royaumes » n'ont duré que 60 ans, et c'est la période la plus arriérée de l'histoire chinoise. À la fin de la dynastie des Ming, avant l'introduction du maïs et de la pomme de terre, la population chinoise s'élevait entre 20 et 60 millions d'habitants, contre 10 millions pendant la période des Trois Royaumes[21]. Les batailles mobilisant souvent des certaines de milliers de soldats décrites dans le livre ne sont qu'imaginaires. À part le talent militaire et littéraire de Cao Cao et de ses fils, les Trois Royaumes ne peuvent pas être comparés à l'épopée magnifique des 300 années suivantes. Durant cette période, il y a eu plusieurs « Trois Royaumes » plus importants. La complexité de la situation politique, la sagesse et la bravoure des monarques, des fonctionnaires et des généraux, l'envergure des troupes et l'impact considérable sur l'histoire dépassent de loin ce que dépeint *Les Trois Royaumes*.

Il y a eu six « Trois Royaumes » pendant cette période historique : les Jin de l'Est, les Zhao antérieurs de la famille Liu des Xiongnu et les Zhao

---

21. Ge Jianxiong, *Histoire de la population chinoise*, vol. 1 (Shanghai : Fudan University Press, 2002), p. 44.

Étude comparative des civilisations chinoise et occidentale

postérieurs de la famille Shi des Jie ; les Jin de l'Est, les Yan antérieurs de la famille Murong des Xianbei et les Qin antérieurs de la famille Fu des Di ; les Jin de l'Est, les Qin postérieurs de la famille Yao des Qiang, les Yan postérieurs de la famille Murong des Xianbei ; les Song du Sud au sud du fleuve Yangtsé, les Xia de la famille Helian des Xiongnu et les Wei du Nord de la famille Tuoba des Xianbei ; les Liang et Qi au sud du fleuve Yangtsé, les Wei de l'Est et les Wei de l'Ouest ; la dynastie Chen au sud du fleuve Yangtsé, les Qi du Nord de la famille Gao et les Zhou du Nord de la famille Yuwen. Longue est la liste des héros qui ont changé l'histoire – Liu Kun qui entendait le chant de coq et se levait pour pratiquer les arts martiaux ; Zu Ti qui frappait les rames pour jurer la victoire ; Shi Le et Zhang Bin qui s'affrontaient à Yecheng ; les grandes batailles entre les Yan antérieurs, les Qin antérieurs et les Jin de l'Est ; le talent et la bravoure de certains héros réputés, y compris Wang Meng (connu comme le « Guan Zhong » de Fu Jian), Murong Ke (comme le « Huo Guang » des Yan antérieurs), Liu Yu (comme le « Cao Cao » de Sima Dezong)[22] ; Fujian qui a dirigé un million de soldats pour traverser le fleuve (dans la Chine ancienne, c'est la seule traversée d'un fleuve avec un million de soldats) et qui a gardé son sang-froid avant sa mort ; Cui Hao qui, avec tous ses exploits, a été humilié par des dizaines de gardes urinant sur lui et a ensuite été tué de manière injustifiée[23]. L'histoire la plus dramatique s'est produite entre Yuwen Tai et Gao Huan. À ce moment-là, Yuwen Tai, à l'âge de 26 ans,

---

22. *Livre des Wei · Bibliographie de Cui Hao* : « Cui Hao a dit : 'J'ai essayé de commenter les héros de notre époque, maintenant je voudrais vous partager mes commentaires. Wang Meng gère les affaires du pays, comme le Guan Zhong de Fu Jian ; Murong Xuangong soutient le prince, comme le Huo Guang de Murong Wei ; Liu Yu réprime les révoltes, comme le Cao Cao de Sima Dezong.' » *Livre des Wei* (Beijing : Zhong Hua Book Company, 1974), p. 811.

23. *Livre des Wei · Bibliographie de Cui Hao* : « Cui Hao a été mis en prison. Un jour, il a été escorté pour arriver au sud de la ville. Des dizaines de gardes ont uriné sur lui. Il a poussé des cris déchirants qui retentissaient sur la route. Aucun chancelier dans l'histoire n'avait subi une telle humiliation. » *Livre des Wei* (Beijing : Zhong Hua Book Company, 1974), p. 826.

L'entrée des Cinq Barbares en Chine et les invasions barbares en Europe

s'est déguisé en émissaire pour aller observer Gao Huan, 37 ans, qui avait déjà accompli plus de la moitié de ses conquêtes et avait atteint l'apogée de sa vie. Yuwen Tai s'est dit que si Gao Huan avait été un vrai héros, il se serait résigné et s'est rendu à Gao ; mais s'il était aussi puissant que Gao, il s'est battu contre lui jusqu'au bout. Dans la cour, d'un côté, Yuwen Tai, après une longue observation, s'est décidé à ne pas capituler et s'est hâté de retourner chez lui ; d'un autre côté, Gao Huan a découvert l'étrangeté de cet émissaire, envoyé des soldats pour tenter de le rattraper. Cet incident détermine l'histoire[24]. Gao Huan est devenu le fondateur des Qi du Nord, Yuwen Tai a établi les Zhou du Nord. Les deux pays se sont affrontés dans cinq batailles pendant dix ans, et de nombreux généraux s'y sont distingués, comme Gao Aocao, Dou Tai, Wang Sizheng, Wei Xiaokuan. Dans les générations suivantes des généraux subordonnés de Yuwen Tai, Yang Jian, fils de Yang Zhong, est devenu le premier empereur de la dynastie des Sui ; Li Yuan, petit-fils de Li Hu, a fondé la dynastie des Tang ; la fille aînée de Dugu Xin a été la reine de l'empereur Ming des Zhou du Nord, sa septième fille a été la reine de la dynastie des Sui et la mère de Yang Guang, sa quatrième fille a été la mère de Li Yuan et la grand-mère de Li Shimin. Par contre, du côté de Gao Huan, ses généraux avaient déjà perdu leur honneur avant sa mort. Après, il n'est resté qu'un général boiteux, Hou Jing, qui lui obéissait mais n'écoutait pas son fils ; Hou Jing dirigeait 8 000 soldats restants pour s'acheminer vers le Sud, affamé jusqu'à sa mort l'empereur Wu des Liang, qui était courageux dans sa jeunesse et s'est enlisé dans le bouddhisme dans sa vieillesse, et a enfin renversé les Liang.

En plus de l'histoire des empereurs et des généraux, il y a également celle des lettrés et des intellectuels. *Le Chant de minuit* de la dynastie du Sud, la *Ballade de Mulan* de la dynastie du Nord, les poèmes frontaliers de Bao Zhao, les poèmes idylliques de Tao Yuanming ainsi que les poèmes

---

24. Voir aussi Linghu Defen, *Livre de Zhou · Wendi Ji* (Beijing : Zhong Hua Book Company, 1971), p. 3 ; Li Yanshou, *Histoire de la dynastie du Nord, Volume IX, Zhou Benji I* (Beijing : Zhong Hua Book Company, 1974), p. 313.

Étude comparative des civilisations chinoise et occidentale

paysagers de Xie Lingyun ont conçu ensemble la poésie des Tang. Le *Fu de complainte* et le *Fu d'adieu* de Jiang Yan seront cités à plusieurs reprises par Li Bai, le *Fu douloureux pour le pays natal Jiangnan* de Yu Xin a été récité par Du Fu pendant toute sa vie. Wang Guowei a considéré la « langue antithétique des Six Dynasties » comme une « génération intermédiaire de littérature[25] » entre les Chants de Chu, le *fu* des Han, et la poésie des Tang, le *ci* des Song. Il ne faut pas oublier l'*Anthologie de la littérature* de Xiao Tong, premier recueil de poésies et de prose en Chine, l'ouvrage *Le Cœur de la littérature et la Sculpture des dragons* de Liu Xie, synthèse des théories littéraires chinoises, aussi bien que la *Notation de la poésie* de Zhong Rong, première anthologie de la poésie en Chine.

En outre, il y a les histoires de la sinisation du bouddhisme dans les flammes des guerres fréquentes. Lors de l'entrée des Cinq Barbares dans la Plaine centrale, Shi Le et Shi Hu ont conféré le titre de « maître national » à Fotucheng, moine Hu des Régions de l'Ouest, qui, par le biais de l'alchimie surnaturelle et la théorie de la causalité, a cherché à persuader ceux-là de suivre l'exemple des « rois » pour pratiquer « l'éducation par la vertu[26] ». Après l'effondrement du Zhao postérieur, Dao'an, un disciple de Fotucheng, s'est rendu à Xiangyang, tout en diffusant les idées bouddhiques le long du trajet. Pour la première fois, il a proposé d'« obéir au chef de l'État pour développer le bouddhisme », éliminant le préjugé selon lequel « les bouddhistes ne respectent pas les rois[27] ». Afin d'accueillir Dao'an, Fu Jian a envoyé des troupes pour occuper Xiangyang. Après l'arrivée à Chang'an, Dao'an a recommandé à Fu Jian un éminent moine de Qiuci, Kumarajiva, que Dao'an n'avait pourtant jamais rencontré. Fu Jian a conquis les Régions de l'Ouest pour engager Kumarajiva, mais à mi-chemin du voyage

---

25. Wang Guowei, préface, *Histoire des opéras des Song et Yuan* (Shanghai : Shanghai Classics Publishing House, 1998).

26. Shi Huijiao, *Biographie des moines éminents* (Beijing : Zhong Hua Book Company, 1992), p. 346.

27. Shi Huijiao, *Biographie des moines éminents* (Beijing : Zhong Hua Book Company, 1992), p. 178.

L'entrée des Cinq Barbares en Chine et les invasions barbares en Europe

de Kumarajiva à Chang'an, le Qin antérieur a été anéanti. 16 ans plus tard, lorsque le Qin postérieur l'a accueilli à Chang'an en tant que maître national, Dao'an, qui l'avait recommandé, était décédé depuis longtemps. Kumarajiva n'avait pas oublié son intention initiale du voyage vers l'Est et avait traduit des centaines de volumes d'œuvres bouddhiques, jetant les bases du lien entre le bouddhisme mahāyāna et la philosophie classique chinoise. Les régimes du Nord et du Sud se sont divisés des deux côtés du fleuve Yangtsé, mais les échanges bouddhiques n'ont jamais été interrompus. Le premier disciple de Dao'an, Huiyuan, est descendu au temple Donglin du Mont Lushan pour répandre le bouddhisme, alors que Daosheng, disciple de Huiyuan, est arrivé à Chang'an en vue de poursuivre des études auprès de Kumarajiva. Au même moment, plusieurs moines célèbres de Jiankang étaient également très actifs, dont Faxian, qui est parti de Chang'an de la dynastie du Nord, a franchi le Pamir, atteint l'Inde pour apprendre les sutras, puis via la route de la mer de l'Asie du Sud-Est, est retourné à Jiankang de la dynastie du Sud ; en 15 ans, il a parcouru 30 pays et accompli son récit de voyage qui est devenu une archive précieuse pour étudier l'histoire des pays d'Asie du Sud. Par ailleurs, depuis que Fu Jian a ouvert la voie vers les Régions de l'Ouest, les moines chinois et indiens communiquaient souvent, et Bodhidharma a introduit le bouddhisme zen en Chine. Les grandes écoles du bouddhisme ont principalement été fondées durant ces 300 ans. Après de nombreux rebondissements, elles ont essayé de redresser trois rapports essentiels – celui entre le bouddhisme et le pouvoir politique (est instituée la règle de « Subordination du bouddhisme envers le pouvoir politique »), celui entre le bouddhisme et les parents (dès lors, est disparue la contradiction entre la causalité et le respect envers les parents), celui entre le bouddhisme et la philosophie chinoise (ce qui annonce le développement du zen et du néo-confucianisme plus tard).

Il y a eu beaucoup d'histoires pendant ces 300 ans, et l'histoire la plus importante est celle de l'union entre les Hu et les Han de la nation chinoise. Qui sommes-nous ? Han, Mongols, Tibétains, Ouïghours ou

Étude comparative des civilisations chinoise et occidentale

Mandchous ? Ces 300 ans d'histoire nous permettent de comprendre ce que sont la nation chinoise, la civilisation chinoise, notre identité aussi bien que notre monde spirituel. Nous espérons que les jeunes Chinois, les intellectuels et les Occidentaux liront davantage cette histoire, cette histoire saisissante, fascinante, triste et émouvante.

Presque tous les Chinois connaissent un poème qui s'appelle *Chant de Tiele*. Mais qui sait qu'il a été créé sur un champ de bataille dans une montagne d'épées et une mer de sang ? Les combats entre Gao Huan et Yuwen Ta ont duré dix ans, et celui-là a essuyé plus de défaites. Leur dernière bataille a eu lieu sous la muraille de la ville de Yubi à l'est du Fleuve jaune. Un jour de fin d'automne en 546, le fleuve a gémi et un vent glacial a soufflé. Les 200 000 soldats de Gao Huan ont lancé des attaques consécutives pendant 50 jours avec des pertes sévères, mais ne sont pas parvenus à vaincre leurs ennemis. Gao Huan, presque invincible dans sa vie, s'est rendu compte qu'il ne pouvait plus remporter la victoire ni unifier le monde. Il a ordonné le retrait de l'armée. Vu qu'ils sont partis précipitamment, ils n'ont pas eu le temps d'enterrer les 70 000 corps des soldats, et ont été obligés de les déposer dans une grande fosse. Après leur retour à Jinyang, Gao Huan, malgré sa maladie, s'est efforcé de consoler ses soldats, demandant au général Hulü Jin de chanter cette chanson : « Au pied des monts Yin, se trouve la vaste plaine de Tiele. Le ciel ressemble à une yourte, reliée à la terre de tous côtés. La voûte céleste s'étend à perte de vue, les champs verts sont infinis. Le vent souffle sur les herbes, des vaches et des moutons y apparaissent et disparaissent. » Tous les généraux et soldats ont chanté en chœur, les paroles en langue Xianbei qui ont retenti dans la ville. Gao Huan, songeant aux centaines de milliers de soldats morts aux batailles au cours des dix années précédentes, a regardé ses propres cheveux blancs et a fondu en larmes. Cette chanson s'est propagée plus tard[28]. Yuwen Tai, qui a fondé son pouvoir à l'Ouest, a restauré,

---

28. Citation de *Thème étendu yuefu* dans *Recueil des poèmes yuefu* : « L'empereur Shenwu des Qi du Nord a lancé l'attaque contre Yubi des Qi. Près de la moitié des soldats sont morts

L'entrée des Cinq Barbares en Chine et les invasions barbares en Europe

conformément aux *Rites des Zhou,* le système de musique solennelle de « Huangzhong Dalü » et de musique élégante de « Yayue Zhengyin », et a établi les « six bureaux » et les « six arts ». Trente ans plus tard, la dynastie des Zhou du nord a détruit la dynastie des Qi du nord, ouvrant la voie pour les dynasties des Sui et des Tang.

Gao Huan était un homme Han influencé par les Xianbei, alors que Yuwen Tai était de l'ethnie Xiongnu sinisée. Tous étaient des Chinois typiques pendant ces 300 ans d'histoire d'intégration de la nation chinoise, et ne se sont pas battus pour diviser les groupes ethniques, mais pour unifier le monde. Si les jeunes Chinois ne comprennent pas cela, ni gardent cet esprit d'unité, et que les jeunes Occidentaux ne veulent pas le connaître, les civilisations chinoise et occidentale seront toujours difficiles à élucider, comme s'il existait une cloison entre elles.

---

dans les batailles. Shenwu, furieux, est tombé malade. L'armée de l'empereur des Zhou a crié : « Gao Huan l'infâme envahit Yubi personnellement, décochons des flèches pour le tuer. » En entendant cela, Shenwu s'est efforcé de se lever pour consoler les soldats. Il a demandé au général Hulü Jin de chanter le *Chant de Tiele*, qu'il a accompagné lui-même. Les paroles étaient écrites en langue Xianbei. Après la traduction de la chanson en langue Qi, les phrases n'étaient donc pas de la même longueur. » Guo Maoqian (dir.), *Recueil des poèmes yuefu* (Beijing : Zhong Hua Book Company, 1979), pp. 1212-1213.

PRÉSENTATION DE L'AUTEUR

PAN YUE est docteur en histoire. Il a été directeur adjoint du Bureau de Réforme du Système économique du Conseil des Affaires d'État chinois, vice-ministre du ministère de la Protection de l'Environnement, secrétaire du Groupe du PCC et premier vice-président de l'Académie centrale du Socialisme. Il est actuellement vice-ministre du Département du Front uni du Comité central du PCC et directeur du Bureau des Affaires des ressortissants chinois du Conseil des Affaires d'État.